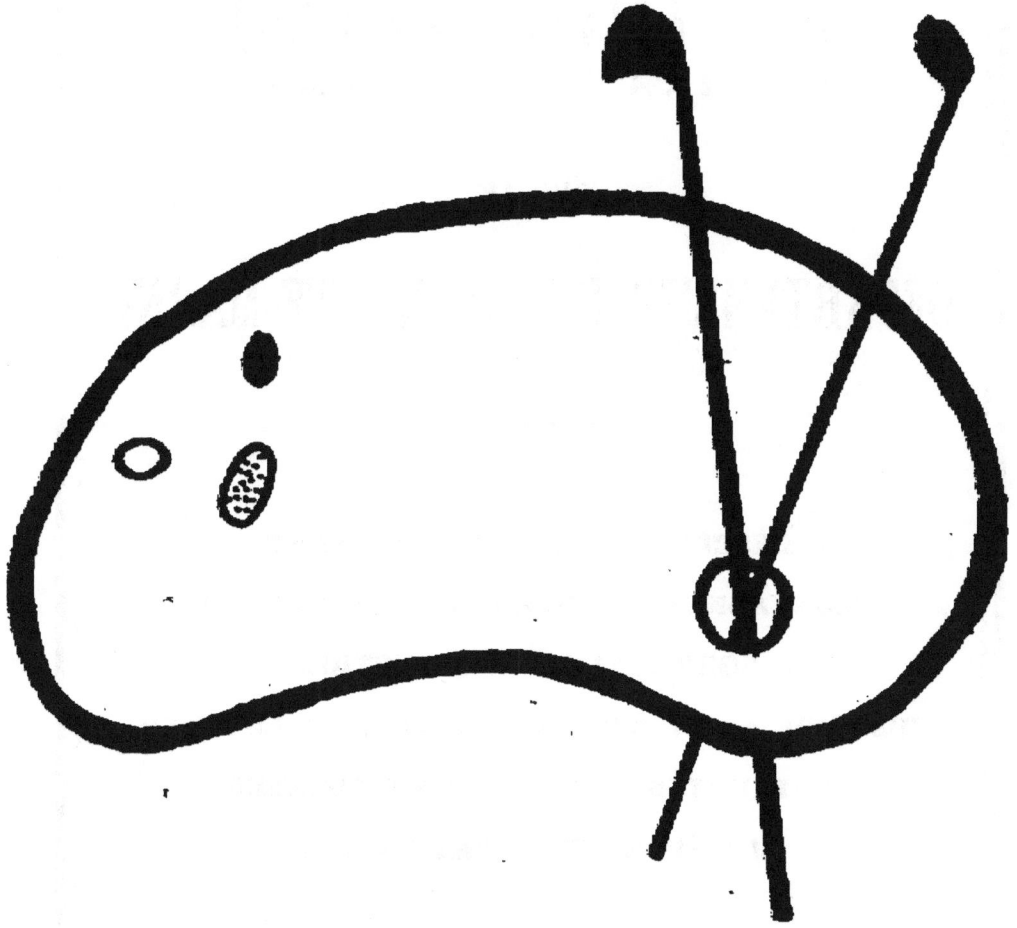

COUVERTURE SUPERIEURE ET INFERIEURE
EN COULEUR

LECTURES

SUR LE

DÉPARTEMENT DE LA HAUTE-MARNE

DESCRIPTION DU DÉPARTEMENT

MONTAGNES — COURS D'EAU — VILLES

AGRICULTURE — INDUSTRIE

HISTOIRE — INVASIONS — HOMMES ILLUSTRES

ANTIQUITÉS — ÉGLISES ET ABBAYES

LITTÉRATURE — PATOIS, ETC.

LANGRES

LIBRAIRIE JULES DALLET, ÉDITEUR.

1877

LECTURES

SUR LE

DÉPARTEMENT DE LA HAUTE-MARNE

CHAUMONT. — IMPRIMERIE DE CH. CAVANIOL.

LECTURES

SUR LE

DÉPARTEMENT DE LA HAUTE-MARNE

DESCRIPTION DU DÉPARTEMENT

MONTAGNES — COURS D'EAU — VILLES

AGRICULTURE — INDUSTRIE

HISTOIRE — INVASIONS — HOMMES ILLUSTRES

ANTIQUITÉS — ÉGLISES ET ABBAYES

LITTÉRATURE — PATOIS, ETC.

LANGRES

LIBRAIRIE JULES DALLET, ÉDITEUR.

1877

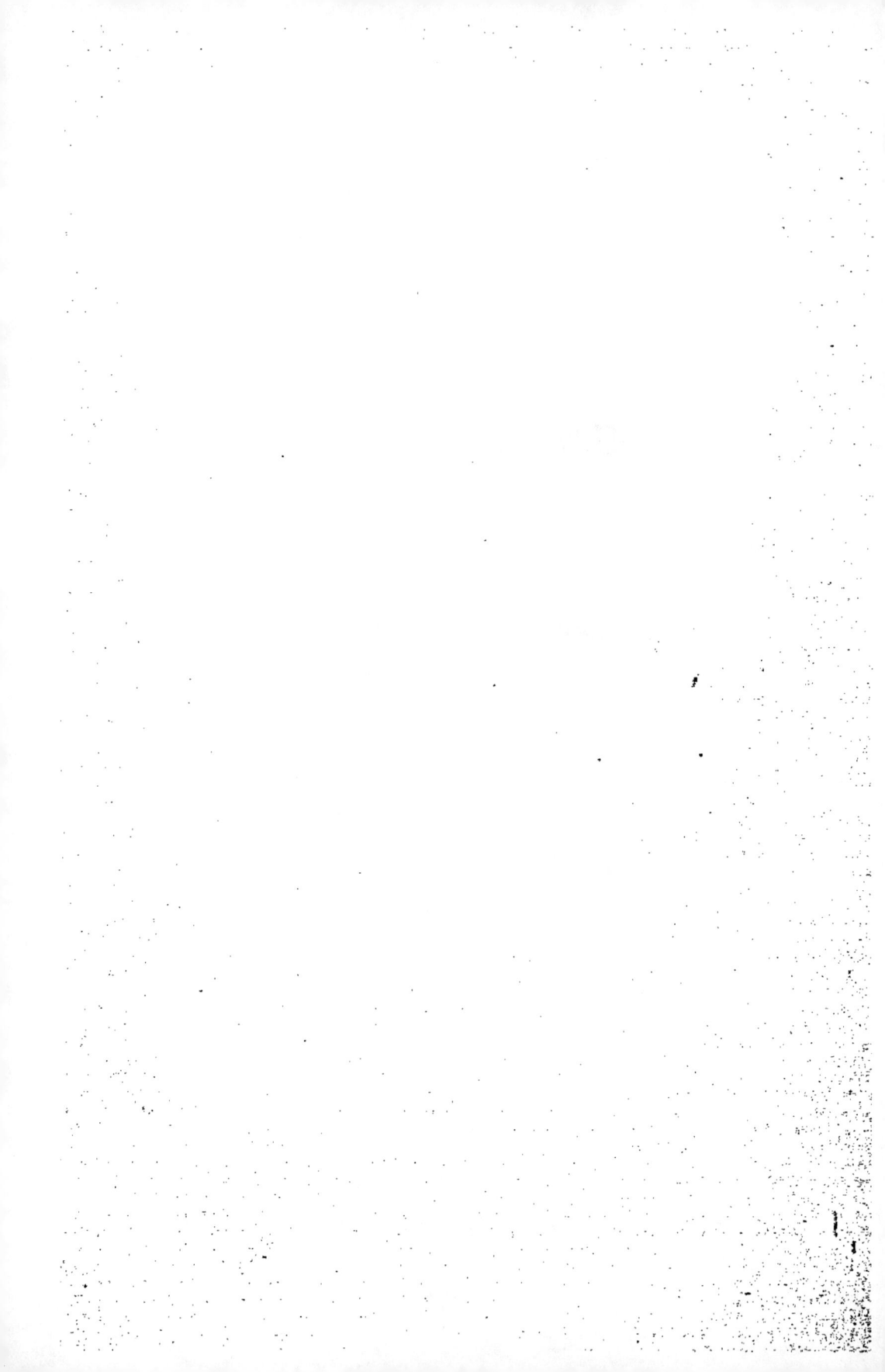

PRÉFACE

Il y a en France beaucoup de personnes sachant le tracé des frontières, les noms des circonscriptions territoriales et leurs chefs-lieux; il y en a fort peu connaissant le département qu'elles habitent. Cette observation s'applique surtout à notre pays. Les élèves des établissements d'instruction secondaire et des collèges ont une idée de la ville où ils font leurs études et du village où ils passent les vacances; leur érudition ne va pas plus loin. Pour beaucoup de jeunes gens de l'arrondissement de Chaumont, les noms de Langres et de Wassy n'éveillent qu'une image confuse, et le même fait doit se produire ailleurs.

Si la géographie locale est peu sue, l'histoire ne l'est pas du tout. Les événements dont notre département a été le théâtre à diverses époques sont presque inconnus; il en est de même des hommes remarquables qu'il a produits et des annales glorieuses de plusieurs de nos villes.

1

Un long exercice de l'enseignement nous a fait voir le mal ; nous entreprenons aujourd'hui d'y remédier dans la mesure de nos forces.

Les lectures historiques et géographiques s'adressent d'abord aux élèves de l'enseignement primaire et de l'enseignement secondaire. Les gens du monde pourront aussi en tirer profit ; nous avons résumé le plus clairement qu'il nous a été possible toutes les notions sur la géographie, l'histoire, l'agriculture, l'industrie, les hommes illustres de la Haute-Marne. « Tout le monde est fait à l'image de notre maison, » dit le proverbe italien. Cela est vrai, surtout pour la science que nous enseignons ; celui qui se fait une idée exacte de son département apprendra bien vite la géographie générale, celui qui sait l'histoire de la petite patrie retiendra plus facilement celle de la grande.

Un pareil résultat serait important à obtenir, nous en poursuivons un autre non moins sérieux. On ne peut pas connaître son pays sans éprouver pour lui de l'estime et de l'amour ; ces sentiments ne sauraient être trop développés à une époque où le département de la Haute-Marne est presque devenu département frontière, où il a l'honneur d'être l'un des principaux boulevards de la France. Si ce livre pouvait contribuer à faire naître et à entretenir parmi nos compatriotes le feu sacré du patriotisme, nous aurions atteint le but le plus élevé auquel il nous soit possible de prétendre, nous aurions uni heureusement nos efforts à ceux de tant d'hommes dévoués qui tâchent de répandre des lumières et de former de bons citoyens.

Nous ne terminerons pas cette préface sans remercier les collaborateurs qui, comme M. Rigaut, ingénieur des mines, et M. Galland, sous-inspecteur des forêts, ont bien voulu nous donner les renseignements les plus utiles et les plus complets.

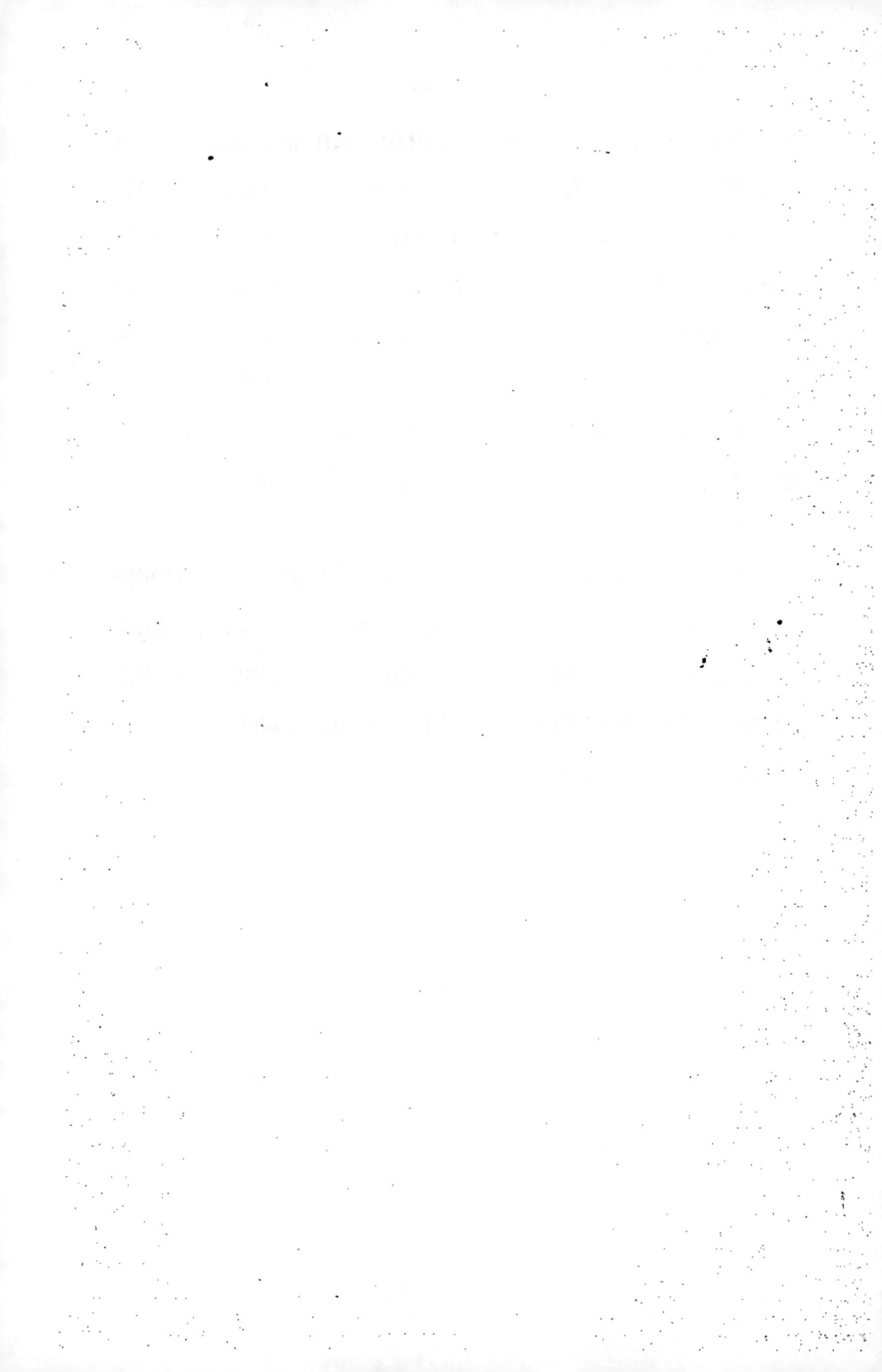

LECTURES

SUR LE DÉPARTEMENT DE LA HAUTE-MARNE

CHAPITRE PREMIER

Aspect général du département.

Le département de la Haute-Marne est borné au nord et au nord-est par celui de la Meuse, au nord-ouest par celui de la Marne, à l'ouest par l'Aube, au sud-ouest et au sud par la Côte-d'Or, au sud-est par la Haute-Saône, à l'est par les Vosges.

Il est divisé par la grande ligne du partage des eaux, dont fait partie le plateau de Langres, en deux versants : celui de l'Atlantique et celui de la Méditerranée. Au premier vont aboutir la Marne et la Meuse, au second les affluents de la Saône, l'Apance, l'Amance, le Saulon et la Vingeanne.

L'aspect général de notre département est sévère ; cela tient à sa position comme son nom l'indique. Son sol est mouvementé et sillonné de collines ; point de grandes rivières parcourant des plaines fertiles. En général les vallées sont étroites et bordées de vastes plateaux couverts de céréales pendant l'été, mais dépourvus d'eau et brûlés par le soleil ; pendant l'hiver, ils sont dépouillés et glacés par le vent du nord-est

1.

qui arrive des Ardennes. Un arbre isolé, un buisson d'épines ne suffisent pas à en varier la monotonie.

D'autres plateaux sont couverts de forêts étendant au loin leurs masses noires ; à côté d'elles se déroulent les friches et les champs.

Il n'y a pas de transition : le pays est nu ou boisé. Saint-Geosmes et Ormancey dans l'arrondissement de Langres, la Ville-aux-Bois dans celui de Chaumont, villages situés sur des plateaux, nous donnent une idée assez juste d'une grande partie de la contrée Haut-Marnaise. Les vallées, souvent fraîches et pittoresques, forment un contraste marqué avec les plateaux. La principale, celle de la Marne, qui est centrale, arrose, à partir de Bologne, un territoire où se succèdent les prairies, les bois et les vignes ; cela dure jusqu'à sa sortie du département après Saint-Dizier. Les affluents de la Marne, la Blaise et le Rognon, ont des bords boisés et fertiles. La Meuse traverse le riche Bassigny aux terres fortes, aux moissons opulentes. L'Aube et son affluent l'Aujon arrosent une région froide et montagneuse mais où les forêts et les prairies, dans la partie supérieure, offrent pendant l'été des promenades délicieuses. L'Apance, l'Amance, la Vingeanne, traversent des vignobles qui rappellent ceux de la Bourgogne. Tel qu'il est avec son climat tantôt froid, tantôt brûlant, mais sain, le département de la Haute-Marne tient une place distinguée parmi les départements de la France et mérite d'être étudié d'une manière toute spéciale par ses habitants.

CHAPITRE II

Les Montagnes.

Sans avoir l'élévation du Jura ni des Vosges (1700-1400 mètres), les montagnes de la Haute-Marne atteignent une assez grande hauteur, et le voyageur qui en franchit les pentes à pied est disposé à se l'exagérer. Le plateau de Langres, qui rattache les monts Faucilles à la chaîne de la Côte-d'Or, est une montagne épaisse, de 478 mètres d'altitude à Langres, de 516 au Haut-du-Sec près de Perrogney ; c'est le réservoir des eaux qui alimentent nos rivières. La couche supérieure du terrain qui le recouvre est perméable ; les eaux pluviales y filtrent facilement, et, après l'avoir traversée, s'arrêtent sur la couche inférieure composée d'argile et de marne, terres compactes ; de là, suivant la pente, elles vont former des fontaines, des ruisseaux et des rivières.

Le plateau de Langres comme le reste de notre pays, a été recouvert par les eaux ; le séjour de la mer est attesté par les nombreuses pierres percées dites pierre de roche dont on se sert pour construire des grottes. Les trous nombreux et larges dont elles sont perforées, doivent leur origine à un mollusque marin disparu aujourd'hui de l'Océan Atlantique, mais qu'on retrouve dans l'Océan Indien : les polypiers ou animaux marins sont fréquents parmi les roches ; celles-ci, formées de strates, c'est-à-dire de couches parallèles, sont le résultat de dépôts effectués au sein des eaux et pareils à ceux qui se produisent encore aujourd'hui dans les mers et les rivières.

Dans ces terrains stratifiés, on trouve, avec les marnes, les argiles et la couche perméable dont nous avons parlé, des grès qui servent à faire des meules à aiguiser, des roches calcaires dont la chaux est la base. Telles sont celles de l'Herbelotte près de Langres, de la Marnotte à la source de la Marne.

Les roches calcaires couvertes de gazon et même d'arbres sont l'ornement du plateau de Langres. A ce massif se rattachent les collines qui courent au nord et au sud; c'est dans les flancs de ces collines et à leur base que l'on trouve le minerai de fer indispensable à nos usines; les fossiles, débris d'animaux antédiluviens y sont nombreux comme on le voit à la montagne de Montsaon, vaste dépôt d'ammonites ou cornes d'Ammon, gros coquillages pétrifiés et ressemblant à des cornes de bélier. Les traces du séjour des eaux apparaissent partout; en creusant les vallées elles se sont arrêtées à différents niveaux, polissant les roches par la rapidité de leur courant.

Les montagnes de la Haute-Marne n'ont pas la variété de celles des Vosges, il y a cependant entre elles d'assez grandes différences d'aspect. Celles qui forment le bassin de la Meuse ont des croupes arrondies, des pentes ondulées propres à la culture des céréales. Dans celles qui bordent la Marne et l'Aube, les pentes sont brusques et rapides, propres à la vigne, comme les côtes de Joinville et de Vignory.

La différence d'altitude amène aussi les changements de perspective ; Chaumont n'a que 325 mètres au-dessus du niveau de la mer, Saint-Dizier, moitié. Il semble que depuis Langres à Eclaron on descende les gradins d'un vaste escalier.

CHAPITRE III

Les Rivières.

LA MARNE ET SES AFFLUENTS.

Les cours d'eau de notre département n'ont pas une bien grande largeur, et, sauf la Marne sur une étendue de quelques kilomètres, ne sont point navigables, cela vient de ce qu'ils sont trop rapprochés de leurs sources. En revanche la plupart d'entre eux ont une eau limpide. La truite y prend ses ébats, et l'écrevisse, tapie dans les trous de leurs rives, se laisse prendre aux appâts du pêcheur. Si nos rivières ne portent que de modestes nacelles, elles n'en sont pas moins pour le pays une source de richesses ; elles font mouvoir les moulins à farine, les usines où se fabrique le fer, les foulons où l'on feutre les étoffes. Elles sont la vie de la contrée dont elles forment pour ainsi dire les artères et les veines.

La Marne qui a donné son nom au département prend sa source à 381 mètres d'altitude au-dessus du niveau de la mer ; c'est d'abord une modeste fontaine formant un ruisseau de quelques décimètres de large ; des montagnes de 450 mètres dominent le vallon où elle coule. Il est frais, pittoresque, parsemé de rochers à l'aspect bizarre. Elle passe au village de Balesmes, au sortir duquel elle fait tourner le moulin de Vaucouleurs. Après avoir contourné la montagne de Langres et avoir reçu plusieurs ruisseaux, elle s'augmente à Humes de la Bonnelle et de la Mouche, à Rolampont du Poiseul ou Val-de-Gris, et, avant son arrivée à Foulain, elle reçoit la Traire venant de Nogent-le-Roi, arrose un faubourg de Chaumont et passe à Bologne.

Dans cette première partie de son cours, la Marne fait de nombreux détours ; elle s'égare dans de vastes prairies au-dessus desquelles s'élèvent les champs de blé et les prairies artificielles qui sont dominés à leur tour par les rochers et les bois ou friches qui les surmontent. A partir de Bologne, les usines à fer salissent ses eaux qui deviennent jaunâtres, mais le paysage qui les borde est plus riant, les prairies sont plus vastes, les vignes couvrent les coteaux, les arbres fruitiers sont plus nombreux. Elle passe à Froncles, Provenchères, Donjeux où elle reçoit le Rognon, à Joinville le Rongeant, à Thonnance, à Chevillon, à Eurville, à Saint-Dizier où elle devient navigable, mais son cours n'a plus que douze kilomètres dans la

Haute-Marne ; elle entre ensuite dans le département de la Marne, arrose Vitry-le-François, Châlons-sur-Marne et Epernay ; Château-Thierry dans l'Aisne, Meaux dans Seine-et-Marne et tombe dans la Seine à Charenton où ses eaux ne sont élevées que de 31 mètres au-dessus du niveau de la mer. Comme sa source est à 381 mètres d'altitude elle a une pente de 350 mètres pour une distance de 380 kilomètres.

Les affluents de la rive gauche de la Marne sont la Mouche qui traverse le territoire de Noidant-le-Rocheux, Perrancey, Saint-Ciergues, Saint-Martin, coule dans une vallée fraîche, délicieuse pendant l'été et où se trouvent les moulins de commerce si renommés de MM. Decologne frères et de M. Thevenot ; la Suize, dont le cours a 40 kilomètres ; elle est séparée de la Marne par le prolongement du plateau de Chaumont. Sa vallée plus étroite que celle de la Marne est plus sauvage, plus boisée, du moins dans sa partie inférieure, elle passe à Crenay, à Neuilly et à Brottes.

La Blaise se jette dans la Marne dans le département du même nom ; elle arrose la vallée la plus populeuse et la plus riche après celle de la Marne. Les céréales et les vignes constituent l'une de ses ressources ; l'autre consiste dans les usines disséminées sur toute sa partie inférieure. Cette rivière coule du sud-est au nord et parallèlement à la Marne en arrosant Juzennecourt, Doulevant-le-Château, Courcelles, Wassy et Eclaron. Sur la rive droite, on remarque le Poiseul qui prend sa source sur le territoire de la commune de ce nom, jolie rivière bordée sur ses rives de massifs de haut peupliers, promenant ses eaux tranquilles dans l'une des plus fertiles vallées de ces contrées, et après avoir arrosé les villages de Neuilly-l'Evêque, Charmes-les-Langres et Lannes, se jette dans la Marne à Rolampont après un cours de 17 kilomètres.

La Traire, qui a 22 kilomètres de cours, prend sa source dans le canton de Neuilly-l'Evêque près de Bonnecourt, arrose Sarrey, Odival, Nogent-le-Bas, Poulangy et tombe dans la Marne à Foulain.

Le Rognon, l'un des plus importants cours d'eau du département, a 45 kilomètres de cours du sud-est au nord-ouest ; il sort du bois d'Epinant, passe à Is-en-Bassigny, à Bourdons, à Andelot, à Roches, à Doulaincourt et tombe dans la Marne à Donjeux.

Sorti des terres grasses du Bassigny, il s'engage dans une vallée étroite dont les collines sont couvertes de chênes ; l'industrie du fer y trouve le combustible dont elle a besoin. Malheureusement le débit de ses eaux est inégal comme celui de la Suize, à cause des failles de terrain où elles vont s'engloutir. Il y a toujours de l'eau au Pont-Minard et à Esnouveaux en amont d'Andelot ; elle fait souvent défaut à ce village.

Le Rongeant se jette dans la Marne près de Joinville, il passe à Poissons et alimente aussi des usines.

L'AUBE, LA MEUSE
ET LES AFFLUENTS DE LA SAONE.

L'Aube est après la Marne le cours d'eau le plus important du département. Sa vallée a plus de 50 kilomètres et ses sources atteignent presque l'altitude de 400 mètres. Elle se dirige du sud-est au nord-ouest, d'abord elle parcourt le pays qu'on appelle la Montagne, couvert de forêts où s'exerce l'industrie des bûcherons ; elles sont entremêlées de vastes landes, parcours ordinaires des troupeaux de petits moutons, à la chair savoureuse et à la laine fine. L'Aube prend sa source dans les bois de Vivey et de Praslay, arrose Auberive, et roule ensuite ses eaux limpides à Rouvres, Aubepierre et Dancevoir. Elle sort de la Haute-Marne pour y rentrer bientôt, passe à Dinteville et à Laferté, en s'élargissant. Sa vallée, sans cesser d'être boisée, jouit d'une température plus douce ; on s'en aperçoit aux vignobles précurseurs des vins renommés de Bar-sur-Aube. Elle entre dans le département de l'Aube, passe à Clairvaux, Bar-sur-Aube, Arcis-sur-Aube et va tomber dans la Seine près de Romilly. Le principal affluent de l'Aube est l'Aujon, dont le cours est de 45 kilomètres et qui va du sud-est au nord-ouest. Cette rivière qui prend sa source dans les bois du canton d'Auberive, près de Perrogney, arrose Chameroy, Rochetaillée, Courcelles, Giey, Arc-en-Barrois, Châteauvillain, Maranville, entre dans le département de l'Aube et va se jeter dans la rivière de ce nom en aval de Clairvaux.

Elle traverse une région presque exclusivement forestière ; dans quelques parties de son cours ses eaux s'épanchent et donnent lieu à des marécages ; du reste rien de plus frais que ses bords, de plus favorable aux amateurs de la chasse et de la belle nature.

L'Ource se jette dans la Seine, après avoir arrosé Santenoge et Villars.

La Voire passe à Sommevoire ; son bassin est large, plat et marécageux ; elle n'a que deux myriamètres de cours dans le département.

La Meuse, le cours d'eau de notre département le plus important par son étendue totale, ne le parcourt que pendant 35 kilomètres. Elle coule du sud au nord en s'inclinant vers l'est et sort de la Haute-Marne à Harréville. Elle prend sa source dans le plateau de Langres à Meuse, passe à quelque distance des chefs-lieux de canton de Montigny-le-Roi, de Clefmont élevé de 490 mètres, et de Bourmont, entre dans les Vosges et passe à Neufchâteau, puis dans la Meuse à Commercy et Verdun, dans les Ardennes, à Sedan, Mézières, Givet ; en Belgique elle arrose Namur et Liège, puis Maestricht et Rotterdam en Hollande, et va tomber dans la mer du Nord après un cours de 80 myriamètres.

La Meuse arrose le Bassigny, pays de grosse culture, planté d'arbres fruitiers, abondant en forêts.

Les affluents de la Saône dont les eaux se rendent par conséquent à la Méditerranée sont : le Saulon, qui prend sa source dans la vallée de Culmont, passe à Belmont, Saulles, Grenant, Coublanc, et quitte le département après un cours de 25 kilomètres ; il coule dans un ravin profond.

Le Vannon, qui prend sa source sur le territoire de Pressigny, la Rigotte dans la Haute-Saône, se perdent sous une grotte de rochers et reparaissent à Fouvent-le-Bas (Haute-Saône), où elles se réunissent.

L'Apance 18 kilomètres, et l'Amance 20 kilomètres. La première arrose Bourbonne-les-Bains, la seconde Laferté. Ces deux rivières coulent dans un pays riche en vignobles.

La Vingeanne, l'affluent de la Saône le plus considérable dans le département, a un cours de 30 kilomètres. Elle prend sa source dans les bois d'Aprey, arrose ce pays, Baissey, Villegusien, Piépape, etc., et entre dans la Côte-d'Or.

La Tille prend sa source dans le canton d'Auberive, près de Chalmessin, coule du nord au sud du département, reçoit à sa droite la Liez venant de Lamargelle, arrose Villemervry, et avant son entrée dans la Côte-d'Or reçoit un autre ruisseau venant de Mouilleron et Villemoron. Son cours dans le département n'est que de 10 kilomètres.

Presque toutes nos villes ou chefs-lieux de canton sont situés sur le bord des rivières ou dans leur voisinage. Le besoin d'eau pour l'homme et les bestiaux, la fertilité des terres l'ont amené à s'y fixer dès les temps les plus reculés ; plus tard, les besoins de l'industrie lui ont appris à tirer parti des moindres chutes, à s'établir là où il trouvait à sa disposition un auxiliaire puissant et peu coûteux.

CHAPITRE IV

Les Villes.

Les villes de la Haute-Marne ne sont pas très peuplées, cela tient à ce qu'aucune d'elles n'est le centre d'une grande industrie, comme les tissus à Rouen, les armes à Saint-Étienne, la fabrication des machines au Creuzot. La plupart sont juchées sur des montagnes et des plateaux, parce qu'elles ont servi de places fortes ; de là l'étroitesse et parfois l'aspect lugubre de beaucoup de leurs rues. Cependant, quand on sait regarder nos cités, on s'aperçoit que chacune d'elles a une physionomie particulière qui lui a été imprimée par le temps, les hommes, les différentes industries dont elle a été le théâtre. Commençons par le chef-lieu.

Chaumont est bâtie sur un plateau, ou, pour mieux dire, sur l'extrémité d'un plateau qui sépare la vallée de la Marne de celle de la Suize. Elle étend sur ces deux rivières les faubourgs de la Maladière et de

Reclancourt, des Tanneries et de Buxereuilles, dont elle est séparée par un intervalle assez long.

L'élévation de la ville et la hauteur de certains édifices la font paraître plus considérable qu'elle ne l'est réellement ; sa population s'élève seulement à 9,300 âmes. L'extérieur de Chaumont offre un aspect fort agréable ; une promenade, plantée de magnifiques tilleuls, l'entoure aux deux tiers et borde en partie les profondes tranchées du chemin de fer. Les pentes du côté de l'Ouest sont couvertes d'épicéas et d'arbres à la verdure perpétuelle ; au nord s'étend la vaste promenade du Fort-Lambert ; à l'est, un magnifique viaduc, long de 600 mètres, haut de 50, d'où l'œil plonge sur les masses verdoyantes du bois de Saint-Roch.

A l'intérieur, la ville est partagée du nord au sud par une longue rue commerçante ; le quartier de l'ouest est bien bâti, mais silencieux et désert ; celui de l'est renferme un dédale de ruelles inextricables et de cours sombres. Les principaux ornements de Chaumont sont la tour du Donjon, berceau de la ville qui date du neuvième siècle ; l'église Saint-Jean-Baptiste, commencée au treizième, agrandie au seizième, peu régulière, mais remarquable par ses beaux détails d'architecture, son sépulcre où Jésus-Christ est représenté en grandeur naturelle, et le tableau de la décollation de saint Jean-Baptiste. Citons aussi comme dignes d'attention l'hôtel de ville, monument régulier, la chapelle du lycée, où les ornements

2.

sont trop prodigués, la Préfecture, construction moderne et gracieuse, d'où l'on jouit d'une vue magnifique sur la vallée de la Suize.

La population de Chaumont est éclairée et bienveillante ; la présence des fonctionnaires, l'affluence d'un grand nombre d'étrangers, le chemin de fer de Paris à Mulhouse, la mettent sans cesse en contact avec les idées et les inventions nouvelles.

Langres, bâti sur une montagne de 478 mètres d'altitude, non loin des sources de la Marne, a 8,000 habitants. Ses maisons se dressent sur le bord d'un plateau escarpé au nord, à l'est et à l'ouest, et d'un accès difficile.

Cette position donne à la ville un aspect austère, augmenté encore par l'enceinte régulière de ses murailles et de leurs tours aux pierres bombées. Langres est la ville du département la plus intéressante à visiter à cause de ses monuments, de ses antiquités et de ses fortifications, qui en font un des principaux boulevards de la France. Sauf la rue Saint-Amâtre, orientée du nord au sud et qui est large et bien aérée, la plupart des autres sont étroites, bordées de maisons souvent élevées, toujours sombres ; mais on est dédommagé par la vue dont on jouit depuis les remparts et qui s'étend au loin sur les vallées de la Marne et de la Bonnelle. Sa cathédrale offre un magnifique vaisseau intérieur, malheureusement la façade est d'une époque moderne ; du haut de ses tours on découvre six départements.

L'église Saint-Martin dresse dans les airs son immense clocher. Deux vastes hôpitaux, ses deux séminaires et son collège sont de beaux établissements. L'arc de triomphe, enclavé dans les murs près de la porte du Marché, rappelle la splendeur de l'antique cité à l'époque romaine. Son musée est rempli de sculptures provenant du temps des Césars : débris d'outils, statues, inscriptions, etc.

Beaucoup de maisons de Langres ont l'aspect ancien et monumental. Outre sa citadelle, bâtie sur la route de Langres à Dijon et entourée de vastes ouvrages, la ville est défendue extérieurement par des forts détachés, dont les plus importants sont le fort de la Bonnelle, qui balaie les routes d'Auberive et de Dijon, celui de Peigney, qui défend la route de Langres à Neufchâteau et couvre la gare. D'autres forts sont actuellement en construction sur la Pointe-au-Diamant, sur la montagne de Saint-Menge et sur celle de Dampierre. Le Cognelot domine la gare de Chalindrey, bifurcation de plusieurs lignes ferrées. La batterie Dumont, placée entre le Cognelot et la route de Dijon, dominera Noidant, Heuilley-Cotton et Cohons. La construction des forts de Beauchemin et de Plesnoy, destinés à protéger la ville et à battre dans d'autres directions aura lieu incessamment.

Au sommet des Fourches, où une batterie avait été improvisée pendant la guerre de 1870, a été placée une statue de la Vierge sous le vocable de Notre-Dame-de-la-Délivrance.

La place de Langres ferme la vallée de la Marne et arrête l'ennemi qui viendrait de Belfort après avoir forcé la trouée des Vosges.

Langres, capitale des Lingons sous la domination romaine, ville épiscopale et commune douée de privilége au moyen âge, chef-lieu d'un duché-pairie, a toujours été remarquable par le caractère original de ses habitants. Leurs traits, généralement bruns et prononcés, montrent qu'on a devant soi les descendants de la race gallo-romaine. Quoique très aptes au commerce, les Langrois ont toujours aimé les lettres et les arts ; l'influence exercée au moyen âge et dans les temps modernes par un épiscopat puissant et riche a développé chez eux ces goûts. Les habitants de Langres restent fidèles aux habitudes de piété de leurs ancêtres, et leur foi n'a fait que s'affermir en traversant les siècles.

Saint-Dizier, sur la Marne, est la ville la plus peuplée, la plus industrielle, la plus commerçante du département. Elle n'est que simple chef-lieu de canton à cause de son éloignement du centre. Les rues sont larges, droites, bien alignées ; il y a deux belles promenades : le Jard et le Fort-Carré. On y remarque l'église dédiée à la Vierge, la chapelle du collège et l'hospice des aliénés. Saint-Dizier a pris beaucoup d'importance depuis l'extension de l'industrie métallurgique. Elle n'avait pas l'antiquité ni l'importance de Langres ni de Chaumont dans les derniers siècles, mais son histoire est glorieuse.

En 1544, elle repoussa pendant deux mois les assauts de Charles-Quint, qui voulait s'en emparer avant de marcher sur Paris. Le 29 janvier et le 26 mars 1814 elle fut le théâtre de combats avantageux pour l'armée française commandée par Napoléon. Cette ville est située dans la partie de la Champagne qu'on appelait autrefois le Perthois.

Joinville, 3,811 habitants, capitale de l'ancien Vallage, est située sur la rive gauche de la Marne, sur les pentes d'une montagne couverte de vignobles et de bois ; sa position est très riante, un bras de la Marne traverse la partie basse ; les maisons, construites sur ses bords, lui donnent l'air d'un quartier d'Amsterdam ou de Venise.

Joinville a une belle promenade, un hôpital, une église nouvellement restaurée. L'ancien château des sires de Joinville qui la dominait a été démoli.

On y voit la statue de l'historien de la septième croisade, l'ami de saint Louis ; on y voyait les tombeaux des ducs de Guise, qui faisaient ordinairement leur résidence dans cette ville.

Sur la Blaise, affluent de gauche de la Marne, se trouve la ville de Wassy, sous-préfecture, située dans une vallée fertile ; sa population est de 3,112 habitants. Autrefois fortifiée comme Chaumont et Saint-D'zier, elle est maintenant une ville ouverte. Son existence ne remonte qu'au septième siècle ; elle a été fondée par l'abbaye de Montiérender.

En 1562, les protestants, assez nombreux parmi

ses habitants, se querellèrent avec les gens du duc de Guise, qui venait de Joinville pour aller à Paris ; soixante personnes furent tuées, deux cents blessées, et les protestants furent traqués dans les villages.

Le massacre de Wassy fut en France le signal des guerres religieuses qui désolèrent notre pays pendant la dernière partie du seizième siècle.

Le principal monument de Wassy est son église, dont le sanctuaire date du neuvième siècle et appartient au style byzantin, c'est-à-dire à un mode d'architecture, imité des constructions de Constantinople, autrefois appelée Byzance.

Nogent-le-Roi, appelé vulgairement Nogent-les-Couteaux à cause de l'industrie importante dont il est le siége, a 3,550 habitants. Cette ville est partagée en deux quartiers principaux : Nogent-le-Haut, bâti sur la montagne, Nogent-le-Bas, dans la plaine, sur la Traire, affluent de la rive gauche de la Marne. La population de Nogent a plus que doublé depuis cinquante ans. Les pentes qui descendent à la rivière sont garnies de vigne et de jardins. Le plateau où aboutit la route de Bourbonne est triste et dénudé.

Nogent n'a de monuments remarquables que son ancien château, dont il reste une tour et des ruines. Beaucoup de maisons de cette ville sont bien bâties et respirent la richesse. Les Nogentais sont fiers de leur industrie, des perfectionnements qu'ils y apportent, de la concurrence souvent victorieuse qu'ils soutiennent contre la fabrication anglaise ; ils sont fastueux et hospitaliers.

Bourbonne, 4,085 habitants, doit sa fortune à ses eaux thermales ; c'est la seule ville importante du département qui ne se trouve pas dans le bassin de la Marne ou de ses affluents, car l'Apance qui l'arrose est un affluent de la Saône ; elle est bâtie sur deux collines peu élevées. La construction la plus importante de Bourbonne est sa maison de bains ; il y a trois sources d'eaux thermales, c'est-à-dire chaudes. La température de la première, celle de la place Bourbon, s'élève à 59 degrés au-dessus de zéro. (On sait que l'eau ordinaire bout à 100 degrés.)

Les deux autres jaillissent dans les bains civils et à l'hôpital militaire ; elles sont efficaces contre les luxations, les entorses, le raccourcissement des muscles, et contre les douleurs qui résultent des blessures, on peut les boire ou s'y baigner. Bourbonne n'est pas aussi agréable que d'autres stations balnéaires, comme Vichy dans l'Allier, ou Bagnères-de-Luchon dans la Haute-Garonne, parce qu'il n'y vient que des malades sérieux et point d'oisifs. La fin du printemps, l'été, et le commencement de l'automne constituent ce qu'on appelle la saison des eaux ; c'est le moment où les étrangers enrichissent les habitants sédentaires, en louant leurs appartements et en prenant pension chez eux. La vie est excellente et pas trop chère, de nombreux pharmaciens et médecins sont à la disposition des malades.

Bourbonne était dès le temps des Romains une station de bains, comme le prouvent des médailles, des statues et des inscriptions, dont voici un curieux spécimen :

CAIUS DOMINIUS FEROX

CITOYEN DE LANGRES

AU DIEU APOLLON

POUR L'ACCOMPLISSEMENT D'UN VŒU.

dans une autre inscription :

ROMANUS INGENUUS

S'EST ACQUITTÉ DE SON VŒU ENVERS LES DIEUX BORVO ET DAMONA

(PROTECTEUR DES THERMES)

POUR LA SANTÉ DE SA FILLE COCILLA.

Après les villes que nous venons d'énumérer, il y a encore dans le département des bourgs ou des villages célèbres par leurs monuments ou leurs souvenirs.

Montiérender et Vignory ont des églises classées parmi les monuments historiques et que le gouvernement répare à ses frais, les vitraux de Ceffonds sont admirés.

Au Pailly, l'on remarque l'ancien château des Tavannes, famille illustre au seizième siècle, et qui fut construit à cette époque ; la ville ruinée de Lamothe est située sur une montagne de 506 mètres d'altitude ; elle fut prise en 1644 sur le duc de Lorraine. C'était un nid de pillards qui ravageaient les environs de Langres et de Chaumont.

CHAPITRE V

Agriculture.

Le département de la Haute-Marne est éminemment propre à la culture des céréales, comme le blé, le seigle, l'orge, l'avoine, la pomme de terre. Ses plateaux secs les produisent en excellente qualité. On recueille plus de quatre millions d'hectolitres de froment, d'avoine, d'orge, dans 346 mille hectares. La France récolte 100 millions d'hectolitres de froment. Nous voyons que la production de notre pays est supérieure à la moyenne des autres départements.

Il est rare que nous soyons tous victimes des mauvaises récoltes ; dans les années pluvieuses, les avoines et les blés des plateaux de Chaumont et de Langres sont verts et vigoureux ; dans les années sèches ils atteignent à peine quelques décimètres, mais en revanche pendant ces mêmes années, les récoltes sont splendides sur les pentes de la montagne de Langres. Dans toute l'étendue du Bassigny, à Montiérender, et dans le bassin de la Voire, les années humides font verser le blé, et c'est pitié de voir des épis vigoureux couchés à terre, et exposés à ne pas mûrir parce que leur tige est brisée ou trop exposée à l'humidité du sol. Les pommes de terre remplacent le blé comme nourriture ; elles sont très-abondantes et de bonne qualité dans le département, parce quelles se plaisent dans les sols pierreux ; ce précieux tubercule convient également à l'homme et aux animaux. La culture de certains légumes est répandue dans toute la Haute-Marne ; partout on cultive avec succès les choux, les salades, les carottes, les radis, les pois ; il n'en est pas de même des artichauts, des asperges et des choux-fleurs qu'on obtient généralement autour des villes avec beaucoup de travail et d'engrais.

L'agriculture haut-marnaise produit aussi les plantes industrielles, comme la betterave, qui sert à nourrir les bestiaux ; le colza, la navette, le chanvre, qui fournissent de l'huile à brûler.

Les prairies naturelles n'occupent que 37 mille hectares à cause de l'étroitesse des vallées, mais les prairies artificielles, trèfle, luzerne, sainfoin, compensent l'insuffisance de la récolte du foin ; les arbres fruitiers les plus nombreux dans le département sont les pruniers, les pommiers, les poiriers et les cerisiers ; le meilleur fruit est la fraise qu'on trouve dans tous les bois ; la groseille récoltée dans les jardins est très-abondante ; les vignes qui, en 1875, ont donné plus d'un million d'hectolitres de vin en rapportent rarement autant parce que le vent des Ardennes les gèle au printemps.

La qualité des vins laisse le plus souvent à désirer ; pourtant on pourrait se composer une bonne cave avec le vin blanc et pétillant de Soyers, les vins rouges au fin bouquet d'Aubigny et de Montsaugeon, et les bons

ordinaires rouges de Maranville, de Saint-Urbain, de
Coiffy. L'agriculture nourrit beaucoup d'animaux ; il
n'y a pas de races de chevaux ou de bœufs spéciales,
quoique ces animaux soient vigoureux ; les chevaux
spécialement sont recrutés à l'établissement de Montiérender. On élève partout les porcs ; sur les plateaux, dans les champs dépouillés de leurs moissons et
les friches paissent les moutons qui sont de deux
espèces : les mérinos à la laine épaisse, de forte taille,
aux lourds gigots, mais dont la chair est inférieure et
sent le suint, le petit mouton dit de Langres, aux formes élancées, agile comme un chevreuil, dont la viande
est parfumée par les plantes aromatiques, on peut le
comparer aux meilleurs moutons des bords de la mer
qui paissent les herbes imprégnées d'émanations sa-
lines.

Le sol de notre pays est généralement très morcelé.
Une propriété de 30 hectares est considérée comme
une grande propriété ; la petite propriété ne paraît
pas dépasser 10 hectares ; bien des parcelles se com-
posent de quelques ares.

Le sol est cultivé tantôt par des fermiers, tantôt
par les propriétaires eux-mêmes ; ce dernier mode
est surtout usité pour la petite propriété. Les conditions ordinaires des baux sont l'assolement triennal,
cela veut dire qu'un tiers est cultivé en blé, l'autre en
avoine, le troisième reste en jachères ; toutefois, dans
ces jachères rentrent les prairies artificielles annuelles
comme le trèfle. Les baux durent six ans ; le prix

n'est pas stipulé pour la totalité en argent. Une partie et la plus faible est payée en nature.

Le métayage existe dans le canton de Bourmont, où les grains se partagent par moitié entre le propriétaire et le locataire, déduction faite des semences.

On estimait le prix de location des terres de 10 à 40 francs l'hectare pour les terres arables, de 100 à 180 francs pour les prairies ; ces prix ont baissé depuis plusieurs années par suite de la cherté de la main-d'œuvre et de l'avilissement du prix des blés.

La petite propriété est la plus répandue ; elle tend à se multiplier à cause du morcellement des successions. A la mort du père de famille, son héritage est partagé entre ses enfants ; les ventes se font le plus souvent au détail ; par ce moyen, la propriété atteint son prix le plus élevé ; le prix de la petite propriété s'est donc bien maintenu. On remarque, au contraire, une diminution sensible dans celui de la moyenne et de la grande propriété.

L'exploitation d'un hectare de terrain coûte environ 200 francs ; dans le Bassigny cela revient encore plus cher, parce que le terrain est plus compact et plus argileux.

Voici ce qu'y coûte la culture d'un hectare :

Labours............	80 francs.
Hersage............	2 —
Roulage............	2 —
Semences...........	50 —
Ensemencement.......	1 —

Façon d'entretien	1	—
Moisson	30	—
Battage et nettoyage ...	20	—
Engrais	120	—
Rentrée des grains	15	—

Le rendement moyen d'un hectare de terrain est de 16 à 18 hectolitres. De nombreuses améliorations dans la culture du sol sont dues à l'intelligence des habitants de la contrée ; la culture des prairies artificielles s'étend ; le bétail est plus beau et de meilleure race ; une fumure plus abondante permet de récolter plus de céréales ; enfin, les machines agricoles se trouvent partout. A côté des progrès accomplis, il convient de signaler les maux dont se plaignent nos agriculteurs.

Il y a d'abord le manque de bras ; le salaire des ouvriers de la campagne a doublé et on en trouve de moins en moins. On a cru y remédier en réclamant des fermes-écoles une instruction agricole spéciale, la diminution des travaux dans les villes, palliatifs utiles, mais insuffisants. Le bon sens peut seul éclairer nos populations agricoles ; elles voient les ouvriers des villes gagner des salaires élevés et mener une vie moins rude, elles ne voient pas les chômages, la misère ou du moins la gêne qui atteint à certains moments beaucoup d'entre eux. Pour un ouvrier qui fait fortune, combien y en a-t-il qui, dans leur vieillesse, n'ont d'autre asile que l'hôpital ? Que les cultivateurs, même les moins riches, comparent leur existence pénible, mais assurée, à l'existence tourmentée et incertaine des travailleurs des villes, leur choix ne sera pas un instant douteux.

Une plainte plus motivée est celle qu'on adresse aux chemins de culture dont le mauvais état contraste avec le bon entretien des routes et des chemins vicinaux. Le manque d'engrais excite aussi de nombreuses réclamations; le creusement du canal de la Marne à la Saône les ferait dit-on cesser, nous n'en croyons rien. Avant de se plaindre de manquer de fumier, nos cultivateurs devraient augmenter la valeur de celui qu'ils possèdent en ne laissant pas perdre leur purin. Les immondices des animaux qui salissent les rues de nos villages constituent une perte considérable et un grand dommage pour la propreté et la salubrité publiques; le remède est sous leurs mains, qu'ils en usent.

L'avilissement du prix des blés a excité aussi de justes appréhensions, mais cet inconvénient est compensé par l'élévation du prix de la viande; il faut absolument substituer la culture intensive à la culture extensive, produire le plus de blé possible dans un espace restreint et doubler la quantité des prairies artificielles.

Les améliorations dont nous venons de parler sont d'une nécessité urgente, c'est par elles que l'Angleterre a triplé sa production. Nos terres, souvent médiocres, peuvent donner à ceux qui les travaillent des résultats aussi différents de ceux d'aujourd'hui que notre agriculture est supérieure à celle de nos ancêtres.

Les comices agricoles, composés de propriétaires riches et éclairés et de cultivateurs pratiques, ont rendu de grands services dans nos trois arrondissements.

CHAPITRE VI

Divisions administratives et voies de communication.

Le département de la Haute-Marne a pour chef-lieu Chaumont, où se trouve la préfecture, l'inspection académique, la cour d'assises, le tribunal de première instance, la conservation des forêts, l'ingénieur en chef des ponts et chaussées et celui des mines, la direction de l'enregistrement et celles des contributions directes et indirectes.

La Haute-Marne se divise en trois arrondissements : Chaumont, Langres et Wassy ; ces arrondissements comprennent 28 cantons et 550 communes. La population totale est de 251,000 habitants ; le nombre des communes est plus considérable que celui de départements plus peuplés, de la Gironde, par exemple, qui n'en a que 547 sur une population de 705,149 habitants ; cela tient à la nature montagneuse et agricole du pays : les habitations se sont groupées autant que possible au centre d'une exploitation, on a voulu éviter ainsi les longs trajets et les pertes de temps.

La superficie totale du département est de 622,000 hectares ou 1,800 kilomètres carrés, qui donnent 1,414,950 francs pour la contribution foncière.

L'arrondissement de Chaumont comprend 10 cantons : Andelot, Arc, Bourmont, Châteauvillain, Chaumont, Clefmont, Juzennecourt, Nogent, Saint-Blin et Vignory.

L'arrondissement de Langres 10 autres cantons : Auberive, Bourbonne, Fayl-Billot, La Ferté-sur-Amance, Langres, Longeau, Montigny, Neuilly-l'Evêque, Prauthoy et Varennes.

Les autres cantons forment l'arrondissément de Wassy : Chevillon, Doulaincourt, Doulevant, Poissons, Joinville, Montiérender, Saint-Dizier et Wassy.

A la tête de chaque arrondissement il y a un sous-préfet ; chacun d'eux nomme un député à l'Assemblée nationale ; les trois réunis envoient deux membres au Sénat.

Les chefs-lieux d'arrondissement et plusieurs chefs-lieux de canton sont reliés au chef-lieu de département par des chemins de fer : la ligne de Paris à Belfort passe à Langres et Chaumont ; celle de Chaumont à Neufchâteau passe par Andelot et Saint-Blin ; celle de Chaumont à Blesmes passe à Donjeux, Joinville, Chevillon, Saint-Dizier ; elle est réunie à Wassy et à la vallée de la Blaise par un embranchement. La ligne de Chaumont à Châtillon par Châteauvillain ; une nouvelle ligne va relier Chaumont à Dijon par Prauthoy, où le chemin de fer aboutit déjà, et de là ira regagner Chalindrey.

Chaumont est le centre des chemins de fer, cela contribue beaucoup à donner de l'importance à cette ville.

Les canaux, moins dispendieux que les chemins de fer pour les marchandises, manquaient à notre département ; on réalise aujourd'hui l'ancien projet d'un canal latéral à la Marne ; il s'étend déjà de Vitry-le-François dans la Marne, en passant par Saint-Dizier, jusqu'à Chevillon ; il transportera nos fers, nos bois, nos minerais, et nous amènera les houilles du Nord.

Le département possède six routes nationales dont la longueur est de 407 kilomètres, et douze routes départementales de 304 kilomètres. Ces routes sont bien entretenues ; il en est de même des chemins vicinaux qui desservent chaque commune.

Il y a quarante ans, les voies de communication d'un village à un autre étaient détestables, on s'y embourbait pendant l'hiver ou après les pluies, quand la glace ne les rendait pas inabordables ; en été, elles étaient creusées par de profondes ornières où les voitures disparaissaient jusqu'au moyeu. Les plus mauvais chemins de bois peuvent seuls aujourd'hui nous en donner l'idée ; maintenant les cultivateurs peuvent facilement transporter les récoltes de leurs champs ou aller les vendre au marché voisin, ils économisent du temps, les forces de leurs chevaux, les brancards et les roues de leurs chariots.

Le chemin de fer le plus long est celui qui remonte la vallée de la Marne de Saint-Dizier à Langres, et va aboutir à Chalindrey. Au bassin de la Saône, il se bifurque : un embranchement va sur Gray (Haute-Saône), un autre sur Vesoul par Hortes et Laferté. Le chemin de fer de Neufchâteau relie les vallées de la Marne et de la Meuse, celui de Châtillon celles de la Marne, de l'Aube et de la Seine. Tous les chemins de fer de la Haute-Marne dépendent de la compagnie de l'Est, qui desservait autrefois Metz, Strasbourg, Colmar. Les malheurs de la guerre ont singulièrement réduit l'étendue de son réseau.

CHAPITRE VII

Instruction publique.

La Haute-Marne est l'un des départements de la France où l'instruction primaire est la plus répandue; la statistique lui fait occuper tantôt le premier, tantôt le quatrième rang. Cela ne veut pas dire que tous ses habitants sachent parfaitement bien lire et écrire ; un trop grand nombre se contente d'une lecture pénible et peu intelligente, d'autres savent signer leurs noms, mais sont incapables d'écrire quelques lignes sans faute grossière d'orthographe ou de français; il ne faut donc pas se fier absolument aux rapports flatteurs qui caressent doucement notre amour-propre, nous avons encore beaucoup à faire pour obtenir de l'instruction primaire tout ce que nous devons en tirer.

Les instituteurs de la Haute-Marne se forment à l'école normale de Chaumont, à l'établissement de Malroy, au collège de Wassy. Le niveau de leurs examens est très élevé.

L'instruction secondaire est donnée par les établissements universitaires de Chaumont, Langres et Wassy, par le petit séminaire de Langres et le collège libre de Saint-Dizier. Langres forme de préférence des avocats, des prédicateurs, même des missionnaires ; Chaumont des ingénieurs, des officiers de génie, des médecins. A Langres l'esprit est plus littéraire, à Chaumont plus scientifique ; cette différence du reste n'a rien d'absolu.

Les jeunes gens qui ne désirent pas apprendre le latin ni le grec, mais étudier seulement le français, les langues vivantes et les sciences, ont à leur disposition les cours de l'enseignement secondaire spécial qui ont déjà donné les meilleurs résultats.

Les ressources pour les hautes études, les arts et les plaisirs de l'esprit ne manquent pas dans le département. Il y a les riches bibliothèques de Langres et de Chaumont. La première donne à ses nombreux lecteurs une libérale et intelligente hospitalité. Les musées de ces villes offrent des modèles aux élèves des cours de dessin dont l'enseignement est gratuit et mis à la portée de tout le monde ; malheureusement la plupart de ceux pour lesquels ils ont été créés le négligent et préfèrent se livrer à de stupides distractions.

Il y a d'excellents musiciens dans toutes les villes de la Haute-Marne, qui cultivent avec succès les instruments les plus difficiles comme la basse et le violon ; les bons pianistes ne manquent nulle part, dans les villes on trouve des orphéons pour chanter des chœurs, des sociétés philharmoniques pour exécuter de grands morceaux d'opéra, les villes et beaucoup de villages ont des fanfares ou sociétés musicales se servant exclusivement d'instruments en cuivre.

Ce qui empêche les progrès de l'art musical d'être plus sensibles, c'est que trop de jeunes gens veulent chanter leur partie dans un chœur ou se faire entendre dans une fanfare sans avoir pris la peine d'apprendre à déchiffrer la musique ou d'étudier patiemment un instrument. Nous devons cependant constater les efforts couronnés de succès de la fanfare de Chaumont et de celles de plusieurs communes qui nous paraissent être dans la voie du travail.

Une institution qui donne de sérieux résultats est la maîtrise de la cathédrale de Langres, où des voix rompues aux difficultés du solfège, exécutent les airs des grands maîtres de la musique religieuse.

En somme, il y a dans notre département beaucoup de personnes instruites dans les lettres, les sciences, les arts ; mais l'isolement les décourage parfois, l'émulation leur manque, elles n'ont pas de centre où elles puissent s'entendre, se communiquer leurs idées, obtenir les renseignements dont elles ont besoin.

Il y a une société d'archéologie à Langres. Chaumont n'a aucune réunion littéraire ou scientifique.

CHAPITRE VIII

Mines et Carrières de la Haute-Marne.

Depuis un temps immémorial, notre sol a fourni bien des matériaux à diverses industries : les uns y prenaient la pierre nécessaire aux constructions, soit à l'état de moëllons dans des excavations peu profondes, faciles à ouvrir presque partout, soit sous forme de belles pierres de taille dont nous possédons de nombreux gisements presque tous très-anciennement exploités ; c'est ainsi que les Romains avaient créé les grandes carrières de Chalvraines, pour bâtir les Thermes de Bourbonne et les monuments de Grand, tandis qu'ils extrayaient auprès de Langres d'autres pierres plus dures et non moins belles, employées avant eux sans doute par les Lingons, qui paraissent avoir été un peuple très-important de la Gaule.

Plus tard, se sont créées les belles carrières souterraines de la Maladière qui s'enfoncent sous les

coteaux au pied de Chaumont, puis celles de Prauthoy, enfin celles de Chevillon ; ces dernières fournissent des pierres très-légères, plus résistantes à
l'eau que celles de la Maladière, faciles à tailler et
qui s'exportent aujourd'hui jusqu'à Paris, grâce à
l'embranchement du canal de la Marne qui se détache
de Vitry pour passer à Saint-Dizier et se prolonger
jusqu'à Joinville, en attendant qu'on le pousse plus
loin encore.

Puis les habitants ont reconnu sous le sol, auprès
de Bourbonne, de Hortes, de Bussières-les-Belmont,
des Loges, de puissantes couches de pierre tendre
nommée gypse ; cette matière peut fournir des colonnes analogues au marbre ; mais elle est surtout em-
ployée sous la forme de plâtre. Le plâtre s'obtient en
cuisant le gypse à une assez haute température dans
des fourneaux très-simples. Voici comment on pro-
cède : le gypse tiré des carrières est cassé en morceaux, mélangé d'un peu de charbon et jeté dans une
sorte d'entonnoir ; on met le feu au bas, et la combus-
tion du charbon cuit le gypse. La matière retirée du
fourneau est pulvérisée et mise en sacs ; elle prend le
nom de plâtre ; on en forme une pâte molle qui
durcit rapidement et forme nos plafonds d'apparte-
ment ; le plâtre d'ailleurs remplace très-bien le mortier dans nos constructions.

Nous avons de grandes carrières souterraines de
plâtre à Hortes, à Bussières-les-Belmont, aux Loges,
à Laferté-sur-Amance, malheureusement cette indus-

trie est plutôt en décadence qu'en progrès chez nous par suite de la facilité d'amener de l'Ouest des plâtres de meilleure qualité.

Le sol fournit encore les argiles et les marnes dont on fait les briques, les tuiles, les poteries, en les cuisant après les avoir réduites en pâte avec une quantité convenable d'eau et de sable ; on en extrait aussi des grès employés à faire des meules ; mais la plus grande richesse consiste dans les abondants minerais de fer qu'il met à notre disposition. Aussi ne faut-il pas s'étonner que l'industrie du fer soit dans la Haute-Marne d'une extrême ancienneté. Elle y a, dans le cours des siècles, passé dans toutes les phases possibles. Voici un rapide exposé de ces transformations.

A l'époque romaine et antérieurement, les forgerons possédaient un attirail extrêmement simple : une enclume, un marteau, un soufflet et un briquet suffisaient à une petite association de trois ou quatre hommes pour produire cette matière de première nécessité; elle est aujourd'hui trop commune pour qu'il soit facile de comprendre l'extrême difficulté de la découverte et de l'extraction primitive du fer. Avec ces éléments, on se transportait sur les points où le sol offrait sans peine le minerai et le combustible à proximité. Là, tandis que les uns abattaient les arbres, les coupaient et les transformaient en charbon de bois à peu près comme on le fait encore aujourd'hui, les autres piochaient le sol, en retiraient les terres rouges, riches en fer, lavaient ces matières dans les trous

mêmes d'où elles venaient, pour leur enlever la terre
et l'argile qui les souillaient ; enfin le minerai pur
mélangé de charbon, était traité par eux dans un feu
vigoureusement soufflé et leur donnait, après un
énorme travail, un petit bloc de fer rouge qu'un mar-
telage énergique transformait en barres.

Avec ce système si transportable, il n'est pas éton-
nant que les forgerons nomades aient laissé leurs
traces partout où ils trouvaient à la fois des bois et
de bons minerais, c'est-à-dire sur presque tous les
points de la Haute-Marne.

Puis, dans une époque de progrès, ces forgerons
eurent l'idée d'employer la force des chutes d'eau à
remplacer leurs propres efforts pour attiser le feu,
pour laver le minerai, pour battre le fer : il en ré-
sulta que beaucoup d'usines s'installèrent sur les cours
d'eau, et cette situation se dessina de plus en plus au
fur et à mesure du développement des moyens métallurgiques. Et quand, dans les derniers siècles, la
Haute-Marne prit le premier rang dans la fabrication
des fers, on compta plus de cent usines sur tous
les cours d'eau à portée des minerais : sur la Marne
de Chaumont à Saint-Dizier, sur le Rognon depuis sa
source jusqu'à son confluent avec la Marne, sur la
Traire en amont de Nogent, sur la Meuse vers sa sortie de notre département, sur la Blaise dans tout son
cours, sur l'Aube, sur l'Aujon, sur la Saulx. Le Saulon
seul paraît en avoir été dépourvu.

Enfin l'industrie du fer continuant ses progrès, les

usines augmentèrent leurs dimensions jusqu'au point où nous les voyons aujourd'hui ; mais en même temps la facilité des transports, la cherté du bois, la liberté de la concurrence dans le pays et même avec l'étranger, durent faire disparaître les plus faibles et les plus mal placées des usines anciennes, et nombre de celles-ci allèrent rejoindre dans l'oubli celles qu'avaient étouffées les discordes et les guerres civiles des quatorzième, quinzième et seizième siècles. Mais la bonne qualité des minerais permit à beaucoup de vivre tandis que les étrangers venaient eux-mêmes chercher les matières premières pour les transporter jusqu'en Belgique.

Aujourd'hui, un grand centre industriel s'est créé à Saint-Dizier. Autour de lui s'étagent les usines placées sur la Marne et sur la Blaise, quelquefois éloignées de tout cours d'eau important et mues seulement par la vapeur, cette force nouvelle inconnue à nos ancêtres. A une certaine distance de ce centre, les usines deviennent moins importantes, et c'est à peine s'il reste à Farincourt, Chevrolay et Laferté-sur-Aube quelques faibles représentants des florissantes forges du sud de notre département.

A Saint-Dizier même ou dans sa banlieue, nous possédons deux grandes forges mues uniquement par la vapeur, l'une à Sainte-Marie, occupant deux cents ouvriers, l'autre à la Forge-Neuve, trois cents ; deux autres grandes forges munies de hauts-fourneaux pour fondre le minerai de fer au Clos-Mortier et à Marnaval, utilisant à la fois la vapeur et la force motrice que leur fournit la Marne ; cette dernière, par exemple, avec ses sept cents ouvriers et ses quatre cents chevaux de force motrice peut fournir par an environ 12 millions de kilogrammes de fer en barres de formes diverses, depuis le gros fil de fer jusqu'à la dimension des rails ordinaires. Près d'elle, un gigantesque haut-fourneau produit chaque jour 40 mille kilogrammes de fonte destinée en grande partie à repasser dans des foyers plus petits, soit pour fabriquer des poëles, soit pour faire du fer ; et combien d'autres usines se sont créées autour de ces forges ! Fabriques de chaînes, de boulons, de lits en fer, de serrurerie, de chaudières. Tout cela occupe cinq ou six mille ouvriers et donne lieu à un énorme mouvement d'affaires industrielles. Quel intérêt de pouvoir suivre de près toutes ces transformations d'une terre rouge qui, lavée, fondue et refondue, soumise à des travaux si variés, finit par fournir du fil de fer, des rails, des casseroles, des chaînes ou des statues à la volonté de l'ouvrier, grâce à beaucoup de charbon et de travail.

Et si de Saint-Dizier nous remontons la Marne, nous rencontrons encore à Eurville et à Rachecourt, près de Chevillon, de grandes forges comme celles de Saint-Dizier, d'autres moindres à Chamouilley, Roches, Bienville, Donjeux, Bologne ; il y a une belle usine à Froncles, où l'on aplatit le fer sous forme de feuilles pour en faire des tôles d'épaisseurs diverses destinées à la fabrication des chaudières, des tuyaux de poêle, du fer blanc. Il faut citer encore les hauts-fourneaux de Bayard, de Bussy, de Joinville, de Bologne et de Riaucourt, d'où la fonte sort tantôt en blocs informes destinés à d'autres travaux, tantôt en poêles de cuisine, en marmites ou en pièces diverses destinées aux machines à vapeur et à eau, comme les engrenages, les roues de toute espèce, les pistons, les cylindres, etc., etc.

Sur la rive droite de la Marne, presque tous les affluents lui apportent encore des richesses, ce sont les usines de Thonnance, d'Osne-le-Val, de Poissons, Doulaincourt, de Montot, de Manois.

Enfin sur la rive gauche de la Marne, en remontant le cours de la Blaise, nous rencontrons les hauts-fourneaux d'Allichamps et de Louvemont, la forge du Buisson, les hauts-fourneaux du Châtelier, la fonderie de Brousseval, et en amont bien des hauts-fourneaux, dont la nomenclature n'offrirait guère d'intérêt. Et, pour finir tout à fait, en dehors de la zône de la Blaise, se place Sommevoire.

Pour bien comprendre l'ensemble de ce réseau d'usines métallurgiques, il est utile d'entrer dans quelques détails sur le travail qui s'y accomplit.

Quatre éléments ont un rôle à jouer dans la métallurgie du fer : d'abord le minerai, puis les charbons de bois et de terre, et le coke.

Les minerais du sud du département, jadis exploités, ont été abandonnés complétement comme trop pauvres en fer ou trop coûteux à extraire ; aussi les usines de Farincourt, de Chevrolay et de Laferté, doivent-elles être considérées comme des accidents sur lesquels il n'y a pas à insister.

Les minerais du nord se divisent en deux catégories presque exactement séparées par la Blaise ; sur sa rive droite, on trouve des minerais qu'un lavage rend très-riches en fer, ce sont ceux qu'ont surtout attaqués les anciens. Malheureusement, ils deviennent relativement rares et coûteux aujourd'hui, et l'on est forcé de se rejeter sur les minerais de la rive gauche.

Ceux-ci s'exploitent sur une grande bande de terrain, située au haut du plateau qui domine la Blaise. Là, soit en levant une couche de terre, soit en s'enfonçant au-dessous par de petits puits, on trouve un banc de un demi-mètre à un mètre d'épaisseur, d'une mine rouge formée de très-petits grains ronds peu adhérents entre eux et très-différents de la mine en croûtes dures exploitée sur la rive droite. Cette couche peut fournir encore à tous les besoins pendant nombre d'années, malgré les énormes parts chaque jour enlevées au gâteau, tant par nos compatriotes que par les industriels du département du Nord ou de la Belgique. Telle est la principale ressource de nos usines.

En outre, nous recevons quelques minerais du département de la Meuse et de la Meurthe.

Ces explications font comprendre pourquoi les usines se sont groupées au voisinage des chemins de fer et canaux qui leur amènent les mines sans grands frais, en même temps que sur les cours d'eau d'où presque toutes tirent au moins une partie de leur force motrice, et cette disposition est encore exagérée par la nécessité d'amener auprès d'elles par les chemins à bas prix, la houille de Prusse et le coke (houille carbonisée) du Nord et de la Belgique, combustibles amenés par le canal dans les environs de Saint-Dizier.

Restent seulement les hauts-fourneaux qui n'emploient que du minerai de la Haute-Marne et du charbon de bois. Ceux-ci ont avantage à se placer à courte distance des forêts et c'est ainsi que peuvent subsister des usines un peu éloignées du centre des communications, comme les hauts-fourneaux de Doulevant, de Charmes et de Cirey.

Le minerai mélangé de charbon de bois ou de coke, jeté dans un haut-fourneau en feu, soufflé par une machine, en sort à l'état d'un liquide incandescent, facile à introduire dans des moules de formes variées. Quand il n'est pas assez pur pour des moulages fins, on le laisse se solidifier en plaques, que l'on refond une seconde fois par un procédé analogue, pour le couler dans les moules. C'est ainsi que l'on obtient les objets en fonte employés à divers usages.

Dans la Haute-Marne on fabrique les fontes d'ornement, statues, balcons, fontaines, réverbères aux grandes usines de Sommevoire et du Val-d'Osne, illustrées aux expositions par quelques pièces remarquables ; quelques fonderies, à Bussy notamment, font des pièces pour machines ; presque toutes les autres produisent des fournitures de ménage : réchauds, coquelles, fourneaux de cuisine, et des tuyaux en fonte.

La fonte renferme un vingtième environ de matière autre que le fer, ce qui l'empêche d'être malléable. Une opération très-délicate permet de faire fondre la plus grande partie des corps étrangers, en ramollissant seulement le reste du fer, et l'on fait couler les impuretés en battant alors la masse obtenue, soit au marteau à eau, comme à Montot, Manois et dans les usines de second ordre, soit au marteau pilon à vapeur ou à la presse, comme dans les plus grands établissements. Puis les barreaux de fer brut, convenablement réchauffés, sont allongés au marteau dans les anciennes usines, et au moyen du passage entre deux gros rouleaux dit laminoirs, dans les installations plus récentes.

Tel est le travail des forges ; le type le plus complet en est aujourd'hui Marnaval, près de Saint-Dizier. De ces établissements sortent toutes les barres qu'utilise le commerce ; mais la spécialité la plus importante dans notre département, c'est la « verge de tréfilerie, » barre très-longue, ronde ou carrée et plus mince que le petit doigt. A son tour, cette tige est reprise, soit par les chaînetiers pour leur travail, soit par les tréfileurs qui l'allongent à froid en la forçant à passer par des trous de plus en plus petits,

soit enfin par des cloutiers qui la transforment en poin-
tes et clous de formes et de grandeurs diverses. Il
existe des établissements assez importants pour ces
opérations secondaires, notamment à Saint-Urbain,
Roches-sur-Rognon et Bologne.

Dans d'autres contrées, après avoir fabriqué le fer,
on le transforme en le chauffant ou le fondant avec
un peu de charbon ou de fonte, en un fer nommé
acier et qui durcit beaucoup par la trempe, opération
qui consiste à le tremper très-chaud dans un liquide
froid : on a vainement essayé jusqu'ici de faire indus-
triellement de l'acier avec les fers de la Haute-Marne ;
aussi la coutellerie Nogentaise vit-elle presque exclusivement au moyen d'acier anglais que travaillent trois
ou quatre mille ouvriers ; peut-être l'avenir per-
mettra-t-il de se dispenser de cet asservissement.

La Haute-Marne ne produit aucun autre métal que
le fer, cependant il existe quelques petites fonderies,
mettant le cuivre en œuvre, à Harréville notamment,
qui s'est créé une spécialité pour les pièces de laiton
destinées aux harnachements des chevaux et pour les
anneaux de rideaux et de tiroirs.

LISTE DES USINES PAR COURS D'EAU

EN LES REMONTANT

Sur la Marne :

Saint-Dizier......	Forges Ste-Marie.	Verge pour tréfilerie, rubans pour cercles de tonneaux.
id........	Tôlerie.	Grosses tôles pour chaudronnerie

Saint-Dizier......	Forge-Neuve.	Fers marchands et verges de tréfilerie.
id........	Les Crassés.	Fonte brute.
id........	Clos-Mortier.	Fonte brute, verge de tréfilerie, fil de fer, clouterie, fers marchands.
id........	Marnaval forge.	id.
id........	Marnaval fourneau.	id.
Chamouilley......	Forge et fourneau.	Fers marchands, fonte.
Roches s-Rognon.	Forge à marteau.	Essieux de voiture.
Bienville........	Forge.	Essieux.
Bayard..........	Haut-fourneau.	Fonte moulée en tuyaux et poëlerie.
Rachecourt-sur-M.	Forge.	Fers marchands, verge de tréfilerie.
Le Val-d'Osne....	Fonderie.	Fonte moulée en ornements et tuyaux.
Bussy..........	Fonderie.	Fonte moulée en pièces mécaniques, tuyaux, etc.
Joinville........	Fonderie.	Fonte moulée, poëlerie.
Thonnance......	Fonderie.	Fonte brute.
Poissons........	Fonderie.	id.
Saint-Urbain.....	Tréfilerie.	Fil de fer, clous.
Donjeux........	Forge.	Fers marchands, ruban à cercles.
Froncles........	Forge.	Tôles fortes et essieux.
Bologne (bas)....	Forge.	Essieux.
Bologne (haut)...	Tréfilerie.	Fil de fer, clous.
Riaucourt........	Haut-fourneau.	Fonte brute.

Sur la Blaise :

Eclaron..........	Pointerie.	Pointes et clous.
Allichamps.......	Fonderie.	Tuyaux et poëlerie.
Louvemont......	Haut-fourneau.	Fonte brute.
Le Buisson......	Forge.	Fonte brute et essieux.
Le Châtelier.....	Haut-fourneau.	id.
Brousseval.......	Fonderie.	Tuyaux, poëlerie.
Les Petits-Champs	id.	id.

Montreuil	Fonderie.	Poëlerie.
Vaux	id.	id.
Tempillon	id.	id.
Dommartin	id.	id.
Cirey	Haut-fourneau.	Fonte brute.
Charmes	id.	id.
Sommevoire	Fonderie.	Ornements, fontes artistiques.

Sur le Rognon :

Doulaincourt.....	Forge.	Fers de marine.
Montot..........	id.	Tampons, essieux.
Rimaucourt......	id.	id.
Manois..........	id.	Tampons, essieux, verge de tré-filerie.

Sur la Saule :

Parol...........	Fonderie.	Tuyaux.

Sur l'Aube :

Laferté-s-Aube ...	Forge.	Fers marchands.
Chevrolay........	Haut-fourneau.	Fonte brute (minerais d'Algérie)
Farincourt	id.	Fonte moulée, poëlerie.

CHAPITRE IX

Industrie de Nogent.

Il y a quarante ans, Nogent était une ville industrielle, mais ses produits se vendaient sous le nom
de couteaux de Langres. De courageux manufacturiers, par d'opiniâtres efforts, ont fait connaître la
marque de leur ville, de sorte qu'aujourd'hui la cou-

tellerie de Nogent occupe le premier rang en Europe et en Amérique.

Les objets qu'elle exporte dans toutes les parties du monde, notamment dans l'Amérique du sud, l'Espagne, la Belgique, l'Angleterre, l'Italie et la Suisse, sont : le couteau fermant, le couteau de poche à un nombre de pièces variable jusqu'à cent ; le canif de toutes sortes, le couteau de table et de cuisine dans les genres fins ; le tranchet de cordonnier, la serpette, le rasoir, le ciseau pour brodeuses, couturières, coiffeurs, tailleurs ; les instruments de chirurgie, les outils d'horticulture, notamment les sécateurs, dont Nogent a jusqu'à présent conservé le monopole et qui s'y fabriquent en toute qualité et à tout prix.

Autrefois le travail se faisait isolément, mais peu à peu des modifications heureuses ont été apportées dans la fabrication ; le travail des ouvriers agglomérés a remplacé en grande partie le travail isolé. Chaque ouvrier est devenu spécialiste, il commence ou achève une pièce de coutellerie, ce qui a eu pour résultat l'augmentation des salaires, la diminution du prix de revient et le perfectionnement de la qualité.

Thiers et Chatellerault en France, Namur en Belgique, Solingen en Suisse, empruntent à Nogent beaucoup de ses produits. Sheffield en Angleterre, le plus grand centre de fabrication pour la coutellerie, ne copie pas Nogent, parce que les modèles anglais sont trop différents de forme avec ceux de notre pays ; cependant les ouvriers de Sheffield et ceux de Nogent ont entre eux un point de commun : seuls ils créent des modèles, tous les autres pays reproduisent dans des qualités inférieures les articles de ces deux villes.

La ville de Nogent n'a pas à sa disposition les soixante ou quatre-vingt mille ouvriers de Sheffield ; elle ne trouve pas, comme cette dernière, ses aciers sur place, puisqu'elle est obligée de les faire venir de l'étranger, mais elle se recommande surtout par la qualité et la nouveauté de ses produits. Un danger menace, dit-on, l'industrie nogentaise, on prétend qu'elle commence à fabriquer des produits de qualité inférieure en se servant des modèles employés pour les qualités fines ; d'un autre côté, Thiers ferait des efforts pour fabriquer de la coutellerie de luxe. Si cela était vrai, Nogent pourrait continuer à être un centre de fabrication important, mais il aurait perdu la supériorité qui fait son légitime orgueil.

Aujourd'hui Nogent compte de vingt à vingt-cinq usines autour desquelles se groupent quatre ou cinq mille ouvriers disséminés dans les villages voisins, et qui viennent chaque semaine apporter à la ville le fruit de leur travail.

CHAPITRE X

Industrie de la Ganterie.

Cette industrie date en France du moyen âge; les seigneurs qui voyageaient à cheval se servaient de gants pour éviter le froid et conserver la blancheur de leurs mains. Les bourgeois les imitèrent dans les temps modernes, et l'usage des gants s'est généralisé. Nous ne parlerons ici que des gants de peau fabriqués dans notre pays. Le territoire de la Haute-Marne, accidenté, montagneux, est très propre à la nourriture des chèvres dont la peau a beaucoup de souplesse et de résistance ; on avait donc la matière première. Plusieurs fabriques se sont établies à Chaumont pour la mettre en œuvre. Il faut d'abord préparer la peau de chevreau ; pour cela on emploie l'urine, les œufs, la farine et la chaux. Cette opération est très-délicate : le moindre trou, la plus petite déchirure, occasionnent la perte d'une paire de gants ; puis il faut sécher les peaux et les battre afin de les préserver de la moisissure et des insectes. Cette besogne terminée, il reste à couper les gants, ce qui se fait à la main ou à l'aide de machines, à les coudre et à les border, ensuite on les met en paires. Au détail, les gants se vendent quatre francs soixante-quinze la paire. Ils ne trouvent pas de débouchés dans notre département peuplé de cultivateurs laborieux et indifférents au luxe ; mais à Paris et surtout en Amérique, dans la grande ville de New-Yorck, où l'on gagne beaucoup d'argent et où on le dépense de même, les Américaines oisives, les commerçants, les jeunes gens riches ou qui veulent le paraître, usent souvent deux ou trois paires de gants par jour ; n'avoir pas de gants de peau, c'est s'exposer à être regardé comme un homme de mauvaise éducation, et qui pis est comme un homme sans ressources avec lequel on ne saurait traiter une affaire. Nous aurions mauvaise grâce à tonner contre ce luxe des Américains, il entretient à Chaumont un mouvement d'affaires de plusieurs millions, enrichit nos manufacturiers, et procure de bons salaires aux ouvriers. Les mégissiers, dont le travail est le plus pénible à cause des mauvaises odeurs et de la poussière nauséabonde des peaux, sont les moins payés, ils gagnent de quatre à cinq francs par jour ; les gantiers sont mieux rétribués, leur salaire s'élève à cinq, six, même huit et dix francs par jour, du moins pour les habiles. Les femmes occupées à coudre gagnent deux francs, celles qui secouent les peaux, à peu près la même somme. L'industrie des gants donne du travail à beaucoup de personnes qui auraient peine à s'en procurer autrement. Elle a, il est vrai, ses inconvénients qui sont les chômages, aussi les ouvriers des campagnes qui apportent leur ouvrage aux fabriques, font-ils plus d'économie que ceux de la ville, parce qu'ils peuvent se livrer à d'autres travaux; de plus ils ont moins d'occasions de dépense. L'industrie de la ganterie a remplacé avantageusement à Chaumont celle des droguets et des bas qui a disparu depuis longtemps.

Une industrie établie à Chaumont par un de nos compatriotes d'Alsace, est celle des bijoux en fil de fer, elle exporte ses produits dans l'Amérique du Sud, ils servent à parer les mulâtresses et les femmes de

5.

couleur ; rien de plus gracieux et de plus léger que les bagues, bracelets, anneaux, chaînes, exécutés avec ce métal, la modicité du prix et notre vanité empêchent seuls d'en faire usage en France.

La tannerie existe à Langres, Chaumont, Joinville, Saint-Dizier, Nogent et Andelot. Elle achète les peaux des bœufs, des veaux, des chevaux, les plonge dans des cuves contenant un lait de chaux qui en détache le poil. Quand on a raclé celui-ci avec des couteaux, les peaux sont couvertes de tan (écorce du chêne desséchée et moulue), puis la corroierie s'en empare, y introduit de la graisse, et les rend souples et propres à la fabrication des souliers.

La mégisserie diffère de la tannerie en ce qu'elle s'exerce exclusivement sur les peaux d'agneaux et de chevreaux.

Le salaire des ouvriers tanneurs est régulier, ils n'ont pas de chômage.

Aux industries que nous venons d'énumérer, il convient d'ajouter la minoterie, qui compte de nombreuses usines ; elles sont mues par l'eau. Nous avons parlé des minoteries de la Mouche, il faut encore citer comme spécimen d'usine les moulins sur la Marne, au bas de Chaumont, et parmi eux la magnifique usine des Quatre-Moulins, exploitée par M. Frotté, et le moulin du Val-des-Choux, appartenant à M. Adrien.

CHAPITRE XI

Les Forêts.

Les forêts de la Haute-Marne, soumises au régime forestier et dépendantes du conservateur des forêts, comprennent une étendue de 103,962 hectares, dont 16,027 appartiennent à l'Etat, et 87,935 appartiennent aux communes. Les particuliers possèdent en outre 90,000 hectares.

Les principales forêts domaniales (de l'Etat) sont celles d'Auberive, 5,545 hectares, la Crète, 1,590 hectares, des Dhuits, 1,280 ; les communes les plus riches en bois sont celles de Doulaincourt, 2,069 hectares, Roches et Bettaincourt, 2,220, Aubepierre, 1,500.

458 communes sur 550, et 6 établissements publics sont propriétaires de forêts.

Le département de la Haute-Marne est l'un des plus importants au point de vue des forêts, soit qu'on considère l'étendue des bois, ou la proportion du sol boisé avec les autres genres de culture. Ainsi, bien qu'il ne soit que le trente-quatrième comme superficie territoriale, il est le septième pour l'étendue des bois. Il tient encore un rang plus élevé si l'on considère le rapport entre la superficie du sol boisé et celle des autres genres de culture.

En effet, les forêts occupent treize pour cent

(13 °/₀) du sol entier de la France. Cette proportion est dépassée dans 35 départements; elle est moindre dans les 51 autres; dans la Haute-Marne, elle est de 30 à 36 °/₀, ce qui place ce département le troisième dans l'ordre du boisement spécifique.

Envisagés au point de vue de leur situation en plaines, en coteaux ou en montagnes, les bois peuvent se répartir ainsi qu'il suit :

42 °/₀ en plaine, 47 °/₀ en coteaux, 11 °/₀ en montagne.

Toutes les forêts domaniales autrefois traitées en taillis sous futaie, sont actuellement soumises à un genre d'exploitation qui doit les convertir en futaies pleines. Ce travail aura un jour pour résultat, d'augmenter la valeur du fonds et de la superficie, de donner les produits les plus utiles à l'industrie, et de prévenir les effets désastreux du taillis.

Dans les futaies pleines on commence par abattre un certain nombre d'arbres, en laissant entre eux un espace suffisant pour laisser à leurs semis ou aux graines la possibilité de pousser; quand les jeunes arbres ont atteint une certaine taille, on en coupe encore d'autres anciens, et on ne laisse que les essences suffisantes pour protéger la forêt naissante. Lorsque cette dernière est suffisamment développée, on coupe tous les grands arbres qui existent, alors les jeunes plants déjà grands reçoivent l'air et le soleil, et croissent rapidement.

Toutes les forêts communales sont traitées en taillis

sous futaies, on coupe la plupart des arbres qu'on laisse repousser du pied, on en laisse un certain nombre d'autres (baliveaux anciens et modernes), qui seront plus tard abattus à leur tour. Les arbres coupés à leur base repoussent du pied, mais leurs rejetons sont de moins en moins vigoureux. Au bout d'une série d'années, un bois traité de cette manière arrive à sa ruine.

Les forêts communales sont coupées tous les vingt-deux ou trente ans; un quart de leur superficie est mis en dehors des exploitations ordinaires pour constituer une réserve destinée aux dépenses extraordinaires des communes; ce sont les réserves qui ont servi à payer une partie des dettes contractées pendant l'invasion prussienne.

Les bois des particuliers ont une grande étendue: la forêt d'Arc appartenant à la famille d'Orléans n'a pas moins de 13,000 hectares; on a restitué à la même famille d'importantes forêts près de Saint-Dizier. L'empire avait confisqué les biens des d'Orléans, mais après la paix de Francfort, en 1871, le gouvernement républicain leur en a restitué pour la somme de 45 millions.

Des communes et des particuliers ont augmenté notre richesse forestière en plantant des arbres verts dans des friches et sur des coteaux arides; ils poussent plus vite que les chênes et les hêtres, améliorent le sol par les aiguilles dont ils le recouvrent, arrêtent les torrents et empêchent les terres de se raviner.

La commune de Chaumont, M. Duval de Fraville à Condes, M. Dumont de Signéville, près d'Andelot, ont créé de véritables forêts. Les arbres verts, pins épicéas, laricios, pins noirs d'Autriche, doivent être de la même espèce, semés ou plantés en même temps et sur un même terrain. Plantez un pin à côté d'un épicéa, le premier viendra plus vite que le second, et l'empêchera de pousser en le privant d'air. Le mélèze dont les feuilles tombent pendant l'hiver, ne devrait pas être planté dans nos pays, car il ne pousse bien qu'à 1,000 mètres d'altitude.

Les forêts situées dans l'arrondissement de Langres sont les moins belles, elles croissent sur un sol maigre peu riche en humus, peu profond, qui ne permet pas aux arbres d'atteindre à un grand développement.

Les forêts de l'arrondissement de Wassy, au contraire, ont leurs racines dans des terrains d'alluvion (terres charriées par les eaux), très-profondes et très-fertiles. Les arbres de réserve y atteignent en peu d'années un fût très-élevé et des dimensions énormes; aussi l'hectare de taillis se vend jusqu'à 1,500 francs et 1,700 francs, tandis que dans l'arrondissement de Langres, il ne se vend que 5 et 600 francs.

Les bois provenant de l'arrondissement de Wassy, sont aussi très recherchés par les marchands de bois de Paris, qui les convertissent en belles planches propres à faire les parquets et toute la belle ébénisterie. Dans l'arrondissement de Langres, il existe cependant une forêt, celle de Bussières, appartenant à l'Etat, et dans laquelle les fournisseurs de la Marne viennent acheter des bois. Les forêts de l'arrondissement de Wassy contiennent surtout des arbres propres aux constructions navales. La plus grande partie du produit des tailles, c'est-à-dire les petits brins, sont convertis en charbon, et employés à l'industrie du fer ; les bois de chauffage sont en presque totalité consommés dans le pays.

Le produit brut des forêts soumises au régime forestier est de trois millions environ ; il pourrait être fortement augmenté dans un laps de temps très court, si les communes voulaient convertir leurs taillis ou bois repoussant sur des souches coupées, en forêts pleines venant sur semis.

Les bois extraits des forêts et qu'on veut employer à l'industrie, sont desséchés, sciés et convertis en planches, dans les scieries d'Arc-en-Barrois, de Reynel et d'Ecot.

Les forêts ne fournissent pas seulement un revenu avantageux : par les feuilles et les racines elles empêchent le ravinement, assainissent la température qu'elles rendent plus égale, et sont une propriété d'agrément dont tout le monde peut profiter. Pendant les rigueurs de l'hiver il ne fait pas froid dans leurs sentiers, en été on y trouve de la fraîcheur. Dans les tranchées qui les sillonnent, les chasseurs poursuivent le cerf abondant dans les bois d'Arc et d'Auberive, le sanglier répandu dans tout le département, le chevreuil aux sauts rapides, le lièvre abondant partout, le lapin qui se plaît dans les terrains sablonneux. Le renard destructeur du gibier, le loup ennemi des moutons, sont relancés dans leurs profondeurs ; elles servent de couvert aux perdreaux et aux lièvres traqués dans les champs, conservent le gibier et nous permettent d'avoir à peu de frais les truffes et les champignons, mets recherchés sur nos tables.

L'exploitation des forêts occupe un grand nombre de bras. Les scieries mues à l'eau et à la vapeur, emploient beaucoup d'ouvriers. L'abattage des bois donne du travail à des villages entiers ; pendant une partie de l'année, les bûcherons partent le lundi emportant avec eux une provision de pain, de lard et de légumes, et passent toute la semaine dans la forêt ; une baraque construite en perches et couverte en gazon les abrite durant la nuit. Le dimanche ils reviennent à la maison auprès de leur famille, passent joyeusement la journée, puis retournent à leur solitude. La campagne terminée, ils ont acquis une bonne somme d'argent qu'ils emploient à agrandir leur demeure, à acquérir un champ ou à améliorer celui qu'ils possèdent déjà. Ils constituent une population rustique, aguerrie au travail, défiant les intempéries des saisons, pleine de force et d'énergie.

CHAPITRE XII

Histoire du département.

Bien des siècles avant la conquête des Gaules par les Romains, les Celtes étaient un peuple relativement civilisé, ils habitaient sous des toits, construisaient au besoin des fortifications en pierres et de grands édifices ; ils cultivaient la terre et possédaient des troupeaux. L'usage du fer et du bronze leur était familier. Mais à une époque reculée qu'il est impossible de préciser, notre territoire a été habité par une race d'hommes qui a laissé pour tout souvenir d'elle des débris d'armes. On a appelé âge de pierre la période de siècles à laquelle appartiennent ces curieux monuments du passé. Il a dû arriver chez nous ce qui a eu lieu sur d'autres points de la France. L'homme peu nombreux, presque isolé, ne savait ni labourer la terre, ni élever des animaux domestiques ; les bêtes féroces menaçaient son existence, et les puissants quadrupèdes dont il faisait sa proie étaient difficiles à abattre, il se servit d'abord contre eux de bâtons et de pierres ; puis il eut l'idée de choisir parmi ces pierres des silex ou pierres dures et tranchantes ; il les brisa pour en aiguiser la pointe ou en affiler les côtés et les emmancha au bout de lourds épieux. Avec cette arme primitive les habitants des bords de la Vézère faisaient la chasse au mammouth, grand éléphant cou-

6

vert d'une épaisse toison, à l'ours des cavernes, au rhinocéros, à l'hippopotame, au cheval, à l'auroch, au bœuf sauvage. Ils transportaient dans des cavernes les principaux quartiers de leurs victimes, les faisaient cuire sous la cendre ou griller sur les charbons, et barraient avec des pieux l'entrée de la retraite où ils conservaient leurs vivres. Munis de pierres tranchantes ils découpaient la viande, et brisaient les os pour en extraire la moëlle dont ils étaient friands. — A ce pieu nos ancêtres joignirent bientôt une arme autre, la hache de pierre avec un tranchant et non polie.

Dans la suite des temps, les animaux devinrent sauvages ; la force ne suffit plus pour les abattre, il fallut y joindre l'adresse ; alors on fabriqua des javelots avec une pointe en pierre dure qu'on pouvait lancer à une grande distance ; la lance munie d'une extrémité en pierre ou en os fut plus maniable que le pieu massif. Ensuite, on fit l'arc à la flèche acérée, à pointe d'os ou d'obridienne ; de nombreux débris de ces différentes armes se trouvent à Villiers-les-Chênes, près de Dou-levant. On y trouve aussi des haches polies, dernier terme de l'industrie de l'âge de pierre. Au lieu d'aiguiser seulement le tranchant d'un caillou, on le frotta sur ses côtés, on l'usa par un travail de patience ; les haches devinrent plus belles et plus commodes. Avec la pierre on fabriqua des couteaux à pointe aiguë et des racloirs pour détacher les nerfs des animaux.

Les tribus de ces temps préhistoriques se couvraient de peaux ; elles surent de bonne heure les percer avec des aiguilles en os et les coudre avec des nerfs ; les instruments en pierre leur servirent pour travailler la corne, parfois même pour y tracer des dessins. Les sauvages de ce temps aimaient les ornements, ils se paraient de colliers de coquillages, et, pour ajouter à la beauté de leurs traits, se barbouillaient avec de la poussière rouge soigneusement écrasée. Il n'appartient pas aux peuples civilisés qui emploient le maquillage et les cosmétiques de trouver ridicule cette coquetterie primitive. On a observé que les stations occupées par les contemporains de l'époque de pierre, l'ont été ensuite par les Celtes ; les fragments de poterie, les haches de métal, les outils en bronze se sont superposés aux débris plus anciens. A côté d'eux on retrouve les médailles romaines et les pièces du moyen âge. C'est ainsi que les différentes civilisations qui se sont succédées dans notre pays ont laissé des traces de leur existence, alors que tout souvenir des hommes qui présidaient à leurs destinées a complétement disparu.

Au moment de la conquête de la Gaule par César, le territoire de la Haute-Marne actuelle était partagé entre deux peuples principaux : les Lingons au sud, les Catalaunes (Châlons-sur-Marne) au nord.

La capitale des Lingons était Andematunum, qu'on a appelé plus tard Langres. Les Lingons ne défendirent pas contre les Romains la cause de l'indépendance gauloise, avec les Rèmes (Reims), ils furent les constants alliés du conquérant étranger.

Pendant la durée de l'empire Romain, notre département fut compris dans la province de Belgique, qu'il ne faut pas confondre avec la Belgique actuelle, qui en était une simple subdivision.

Lors du soulèvement des légions de la Gaule contre l'empereur Néron (69), les Lingons lui restèrent fidèles, et son compétiteur Galba pour les punir, rasa leurs murailles.

Peu après un chef lingon, Sabinus, se fit proclamer César. Il se cacha, dit-on, dans une caverne, près de la source de la Marne, où sa femme Eponine le nourrit pendant plusieurs années.

La religion de ces peuples comme celle des autres Gaulois était le druidisme ; ses prêtres s'appelaient Druides. Ils croyaient à l'immortalité de l'âme, dont le gui du chêne était le symbole, et offraient au dieu de la guerre des sacrifices humains. Ils n'avaient pas de temples, mais ils élevaient en l'honneur des dieux d'immenses pierres brutes ou des autels grossiers (Menhirs Dolmens). Leur langue était celle que parlent encore aujourd'hui les Bas-Bretons dans le Finistère, et le Morbihan. L'empereur Claude persécuta les Druides, et interdit les sacrifices humains. La langue celtique ou gauloise fut remplacée par le latin.

Cependant, l'empire s'affaiblissait par les guerres civiles ; la Gaule fut envahie au troisième siècle après Jésus-Christ, par les barbares de la Germanie, qui incendièrent Langres en 264.

A la fin du siècle, l'empereur Constance-Chlore, le

père de Constantin, délit les Germains sous les murs de Langres.

Au cinquième siècle, quand les différents peuples barbares eurent envahi la Gaule, Langres tomba au pouvoir des Bourguignons, et appartint aux Francs, en 534, après la destruction de la domination des Bourguignons.

Le christianisme fut prêché aux Lingons par saint Bénigne, en 166. Langres a peut-être eu des évêques dès l'an 200. Après la chute de la domination romaine, dans notre pays, 430, les évêques furent les véritables chefs politiques et religieux des cités gauloises, et leur dévouement les conduisit plusieurs fois au martyre, comme saint Didier, massacré par les Vandales. Ils appelaient les fidèles aux armes contre l'ennemi, adoucissaient la fureur des conquérants, et avec les biens de l'église nourrissaient les orphelins, les veuves, les lépreux, les mendiants, si nombreux à ces époques de violence, où le millionnaire de la veille était esclave le lendemain.

Clovis et ses successeurs avaient réuni sous la domination des Francs, la Gaule et la plus grande partie de la Germanie. En 587, il y avait trois royaumes en Gaule, ceux d'Austrasie, de Neustrie et de Bourgogne ; notre pays était partagé entre la Bourgogne et l'Austrasie. Les souverains de ces royaumes, Childebert et Gontron, menacés par les complots des grands, signèrent en 587 le traité d'Andelot.

La lutte des deux reines Frédégonde et Brunehaut

6.

ensanglanta le territoire des Lingons, vers la fin du sixième siècle et au commencement du septième. Dagobert est le dernier prince de la race Mérovingienne qui ait de la puissance, il vient rendre la justice à Langres en 629, après lui, les maires du palais, grands propriétaires, et chefs de l'aristocratie, sont les maîtres du pouvoir. L'Australie (France de l'ouest), triomphe de la Neustrie (Paris) à la bataille de Testry 687. La maison d'Héristall, gouverne avec Pépin d'Héristall et Charles Martel, son successeur, celui-ci chasse les Arabes qui avaient tout dévasté, jusqu'à Langres, mais il donne l'évêché de cette ville à un de ses parents, Remy, qui en dilapide tous les biens.

La période qui s'étend de 660 à 741 est celle où les peuples ont été les plus malheureux, où la culture intellectuelle a presque disparu, les membres du clergé qui peuvent à cette époque comprendre le latin ou faire un sermon sont rares.

Pépin le Bref qui prend le titre de Roi, et son successeur Charlemagne, rétablissent l'ordre dans l'Etat et l'Eglise. Le pays est gouverné par ses comtes, que surveillent des envoyés royaux. On oblige les habitants à payer au clergé la dîme, c'est-à-dire le dixième de leur revenu, mais en retour celui-ci doit entretenir des écoles et faire l'aumône aux malheureux.

Louis le Débonnaire vint souvent à Langres, dont l'évêque Albéric était son ami. Sous Charles le Chauve et ses successeurs, le siége épiscopal est disputé par plusieurs compétiteurs, mais il est aussi illustré par les talents des évêques Isaac et Geilon ; malheureusement, les Normands ravagent le pays. L'empire Carlovingien séparé en trois royaumes, par le traité de Verdun, 843, est définitivement dissous à la déposition de Charles le Gros, 887. Sous les derniers successeurs de Charlemagne, l'évêque Gotzelin, chasse les Normands. Lothaire, en 963, réunit le comté à l'évêché de Langres, qui devient aussi un Etat puissant.

Le régime féodal achève de se constituer avec l'avénement de la famille Capétienne. A côté de l'évêché de Langres et de l'abbaye de Montiérender, il y a plusieurs maisons féodales, les fiefs de Chaumont, Joinville, Nogent, Vignory, Clefmont, Reynel, Laferté-sur-Amance, ont pris de l'importance ; ils constituent des états indépendants, chaque seigneur a le droit de faire la paix ou la guerre, d'établir des lois, de rendre la justice, de battre monnaie, de lever des impôts à son gré. Tous ses sujets, sauf les ecclésiastiques, sont serfs, vendus avec la terre sur laquelle ils demeurent, et qu'ils ne peuvent quitter ; ils paient au seigneur tout l'argent qu'il veut leur demander, et lui doivent au moins deux journées de travail par semaine. Les guerres privées continuelles, le pillage des campagnes, l'asservissement de leurs habitants ont laissé de mauvais souvenirs du régime féodal. Il eut cependant des vertus héroïques et chevaleresques. Le servage, quelque déplorable qu'il fût, valait mieux que l'esclavage : le serf avait une famille, il héritait, et ne pouvait être vendu au dehors comme l'esclave antique.

Au onzième et douzième siècle, sous les règnes des premiers Capétiens, les comtes de Champagne, maîtres des bords de l'Aube, s'efforcent de s'emparer de ceux de la Marne ; ils acquièrent le fief de Chaumont et donnent aux habitants de cette ville une charte d'affranchissement (1190). Ils ne seront plus serfs, c'est-à-dire qu'ils paieront à leur seigneur un impôt convenu d'avance, défendront la ville, entretiendront ses fortifications, et pourront la quitter quand bon leur semblera. Les villes commencent ainsi à s'émanciper du joug des seigneurs, toujours très-lourd pour les campagnes. Le clergé est réformé par le grand pape Grégoire VII. Saint Bernard vient prêcher à Langres en 1153. La langue française, fille de la langue latine, est parlée avec élégance ; les écrivains et les poëtes champenois sont les plus remarquables de la France du moyen-âge.

On avait fondé Clairvaux dans notre voisinage ainsi que les abbayes d'Auberive et du Morimond. Les Templiers, ordre religieux et militaire, sont établis à Mormant. Thibaut IV, comte de Champagne, réunit à ses États Andelot, Montigny, Coiffy, les principales places du Bassigny, il devint roi de Navarre. La royauté Capétienne illustre avec Louis VI, s'était agrandie sous Philippe-Auguste et Louis IX.

La Champagne est rattachée à la couronne par

le mariage de Philippe le Bel avec l'héritière de ce comté, et réunie au domaine royal en 1328.

Sous les règnes de Philippe de Valois et de Jean le Bon, elle est saccagée par les bandes d'aventuriers, ou déchirée par les guerres que se font les Vergy, avec les Choiseul, les Dampierre, avec les Beaufremont, le duc de Lorraine avec le sire de Joinville. Mêmes malheurs sous le règne de Charles VI, dans la guerre des Armagnacs et des Bourguignons, 1307. L'évêque de Langres, les sires de Vergy et de Châteauvillain prennent parti pour le duc de Bourgogne, puis pour les Anglais ; un Langrois, Guillaume Evrard, insulte Jeanne d'Arc sur son bûcher, mais après le traité d'Arras 1435, Vergy reprend le Bassigny aux Anglais, ses anciens alliés. Avec le règne de Louis XI, les guerres féodales sont terminées, il n'y a plus qu'un pouvoir en France, la royauté qui impose silence à tout le reste.

Louis XI, Charles VIII, Lous XII, François Ier, Henri II, sont des souverains à peu près absolus. Sous les règnes du second et du troisième de ces princes, on commence à rédiger les coutumes ou lois locales qui variaient parfois de cantons à cantons. Il y avait la coutume de Chaumont, celle de Langres, celle de Châteauvillain ; désormais la loi est écrite, et ne peut plus être changée selon le caprice des juges. La coutume de Chaumont, dans la plupart de ses dispositions, se rapproche beaucoup de celle de Paris.

La Champagne est en paix sous Charles VIII et

Louis XII, et dans notre département, la famille la plus puissante est au commencement du seizième siècle, celle des d'Amboise qui possède les seigneuries de Vignory, la Fauche, Blaise, ainsi que l'épiscopat de Langres, depuis un demi siècle seulement, elle était établie dans le bailliage de Chaumont. Son membre le plus glorieux est le cardinal Georges d'Amboise, conseiller de Louis XII, elle s'éteignit en 1525 et fut remplacée par celle de Joinville.

Le seigneur de Joinville, Claude de Lorraine, se distingua à Marignan, où fut tué Jacques d'Amboise, plus tard, il chassa les Allemands qui avaient pris Montigny et Coiffy, et assiégé Andelot ; il les expulsa du Bassigny, et le roi en récompense de ses services, érigea Guise en duché pairie. La Champagne et le Bassigny qui en faisaient partie étaient provinces frontières de la Lorraine, appartenant à l'empire.

Charles-Quint envahit le Vallage en 1544, le dévasta et fit le siége de Saint-Dizier qui l'arrêta deux mois. François Ier signa avec lui la paix de Crespy.

La royauté fut encore puissante sous son fils Henri II, le conquérant de Metz, Toul et Verdun, mais après lui, elle fut affaiblie pour longtemps par les guerres religieuses ; avant elles, le roi seul avait une armée permanente, une fois qu'elles ont commencé, tout le monde est armé. Un château, un bourg résisteront comme une grande ville, désormais il n'y a plus de mauvaise place forte, le courage des habitants tient lieu de murailles, aux plus misérables bicoques.

La réforme de Luther eut des partisans dans notre contrée parmi la noblesse et la bourgeoisie, il y eut bientôt des protestants dans tout le Vallage et dans le Bassigny. La baronne de Reynel embrassa les nouvelles doctrines, des Choiseul, des Duchatelet introduisirent dans plusieurs châteaux le culte réformé ; à Langres même on brûla un ministre et plusieurs de ses coreligionnaires en 1548. Beaucoup de paysans adoptèrent l'hérésie que les persécutions et les supplices ne firent qu'augmenter. Calvin avait donné un corps aux doctrines des réformés français qui formaient une secte active et puissante.

Le massacre de Wassy fut le signal de la guerre dans le Vallage et dans le Bassigny. On dévasta presque toutes les églises, on brisa les images ; dès lors, la haine des catholiques fut implacable contre ceux qui détruisaient leurs monuments et les objets de leur vénération ; ce fut bien pis lorsqu'en 1567 les Reitres ou Cavaliers de Jean Casimir, duc des Deux-Ponts en Allemagne, saccagèrent Châteauvillain, incendièrent Andilly, Hortes, Celles et, en 1569, Andelot. Depuis trente ans les évêques de Langres n'habitaient pas le diocèse.

Le massacre de la Saint-Barthélemy en 1572, exaspéra les Calvinistes, qui s'emparèrent du château de Choiseul, s'y défendirent en désespérés contre le cardinal de Lorraine qui avait appelé les Langrois et les Chaumontais. Le château fut pris ; on en pendit quatre-vingts.

La cinquième guerre religieuse amena le ravage du Bassigny, par Jean Casimir, qui venait à l'aide de ses coreligionnaires de France. Le duc de Guise, Henri le Balafré, fils du duc François de Guise, assassiné devant Orléans (1363), était le chef du parti catholique, il avait pour conseiller le célèbre prédicateur chaumontais Guillaume Rose. Dans son château de Joinville, on signa la grande ligue dans laquelle les Espagnols furent admis ; il s'agissait de défendre la religion catholique, mais les Guise cachaient l'arrière-pensée de renverser le roi Henri III, et de se mettre à sa place. Les Langrois, tout en chassant les protestants, refusèrent d'adhérer à la ligue, Chaumont renvoya le bailli du roi et le remplaça par le ligueur Guyonvelle. L'assassinat du Balafré par Henri III (1588), ne fit qu'exalter les ligueurs. Mayenne, son frère, fut reçu avec acclamation à Chaumont. Tous les châteaux depuis Saint-Dizier jusqu'à Montsaugeon tinrent pour la ligue. Langres resté fidèle à la cause royale, se trouvait presque isolé. La mort de Henri III (1589), ne changea rien à l'état des choses, Château-villain résista vaillamment aux ligueurs. On combattait de château à château, de village à village, la guerre ne finit qu'en 1594, lorsque Henri IV fut entré à Paris. Ce grand prince pacifia la France en maintenant à l'Eglise catholique ses priviléges, mais en accordant par l'édit de Nantes la liberté de conscience aux protestants.

Les grands pillent le Bassigny au commencement

du règne de Louis XIII : le duc de Lorraine, notre dangereux voisin, voit son duché envahi, on lui prend en 1634 son château de La Motte ; en 1636, les Croates de l'armée impériale entrent en Champagne et massacrent les habitants d'Hortes. Le cardinal de la Valette et le duc de Weymar les repoussent, mais les mercenaires de Weymar font autant de mal à la province que les ennemis. La guerre recommence avec le duc de Lorraine qui bat le maréchal de l'Hôpital à Liffol, et sauve sa place de La Motte. Pendant la minorité de Louis XIV, Mazarin la fait prendre et raser. Durant la Fronde, le marquis de Coublanc et Tavannes dévastent le pays de la Montagne, mais quand Mazarin a triomphé des factions, les châteaux qui avaient échappé aux démolitions de 1609 et 1635 sont définitivement ruinés. La soumission de la Lorraine, la conquête de la Franche-Comté mettent la Champagne à l'abri des invasions.

Depuis 1660 jusqu'à la Révolution, notre histoire locale est à peu près dépourvue d'intérêt. Louis XIV chasse les protestants et anéantit les dernières libertés municipales. Notre pays était divisé en bailliages et faisait partie d'une intendance ; les intendants étaient ce que sont les préfets d'aujourd'hui avec une autorité plus grande. Les bailliages étaient des subdivisions analogues à nos sous-préfectures, quoique plus petites ; il y avait un bailliage à Chaumont, comprenant Wassy et Bar-sur-Aube, un autre à Langres, à Joinville, à Châteauvillain. A Chaumont, il y avait deux tribunaux : le tribunal du bailliage et celui du présidial. L'évêché de Langres ne possédait plus la puissance politique qu'il avait eue au moyen âge, mais l'évêque avait le titre de duc et pair et jouissait de grands revenus.

Dès la fin du moyen âge, les habitants des villes étaient libres et pouvaient à leur gré changer de résidence ; les campagnes s'émancipèrent peu à peu, les dernières traces du servage avaient disparu au milieu du dix-huitième siècle. Les dîmes qu'on payait à l'église et aux propriétaires nobles, la taille, impôt sur les biens, la gabelle, impôt sur le sel et les vins ne constituaient pas des charges plus lourdes que celles qu'on supporte aujourd'hui, mais ces impôts avaient le tort d'être mal répartis et de peser de préférence sur le peuple des campagnes.

L'année 1789 marque la fin de l'ancien régime. L'Assemblée constituante supprime les provinces et les bailliages, et établit les départements à peu près tels qu'ils existent aujourd'hui. Pendant la Révolution, ils sont administrés par un directoire composé de cinq membres nommés par les électeurs. Bonaparte, premier consul, remplace les membres du directoire par des préfets, qui ne dépendent que de lui.

L'histoire du département n'offre rien de bien intéressant de 1789 à 1814, la Révolution n'y fit point d'excès. Napoléon y leva sans résistance les soldats qu'il dispersait sur tous les points de l'Europe.

CHAPITRE XIII

Invasion de 1814.

Le département de la Haute-Marne, situé à l'est de la France, sur la vallée de la Marne qui aboutit à Paris, a eu deux fois dans ce siècle le malheur de servir de passage à l'invasion. En 1814, Napoléon, refoulé sur le Rhin par la défaite de Leipsick (1813), n'avait que 80,000 combattants à opposer à l'armée du Nord qui envahissait la Belgique, à l'armée de Silésie qui, sous les ordres de Blucher, franchissait le Rhin entre Mayence et Coblentz, à l'armée de Bohême, commandée par Schwartzemberg, qui avait passé le Rhin sur le pont de Bâle, tourné Belfort et marché sur Langres, clef de la chaussée ou chemin militaire de la Marne. Cette ville, grâce à sa situation escarpée, était une forte position; ce n'était plus une place forte : ses remparts couverts, sa chemise de vieilles murailles et de vieilles tours, n'offrait à l'artillerie aucune résistance sérieuse.

Schwartzemberg, arrêté à Longeau par des paysans et des soldats, se présente devant Langres où était le maréchal Mortier avec une partie de la garde impériale; il trouve la place gardée, et se dirige sur Chaumont par Bourbonne. Mortier craignant d'être cerné, se retire sur le chef-lieu. Langres capitule le 17 janvier, la ville n'avait pour se défendre qu'une troupe de 400 hommes au plus qui devinrent prisonniers de guerre. Les empereurs de Russie et d'Autriche, et le roi de Prusse y entrèrent. Les Cosaques rapportaient sur leurs chevaux le butin enlevé aux paysans ; des Français leur achetaient ces dépouilles pour les revendre avec bénéfice. Près de Blanche-Fontaine était campée une horde de Tartares armés d'arcs et de flèches, montés sur des dromadaires, on croyait revenir à l'époque où Attila ordonnait la destruction de la cité des Lingons.

Mortier, arrivé à Chaumont avec 4,500 fantassins et 2,500 chevaux, avait devant lui tout le corps d'armée du prince royal de Wurtemberg dont l'infanterie voulut forcer le passage de la Marne aux ponts de Choignes et de la Maladière ; il lui fallut une journée pour les emporter. Le lendemain, Mortier évacuait Chaumont et se retirait sur Bar-sur-Aube ; les trois souverains alliés arrivaient à Chaumont.

Pendant que l'armée de Schwartzemberg envahit le département par le midi, Blucher qui venait de la Meuse, marche sur Saint-Dizier. Napoléon repousse un de ses corps, le 28 il était à Montier-en-Der, le 29 il battait les Prussiens à Brienne, mais il est vaincu à la Rothière et obligé d'aller rejoindre Mortier à Troyes.

L'armée de Bohême de Schwartzemberg et l'armée de Silésie de Blucher sont réunies, mais elles se séparent pour marcher sur Paris : Blucher suivant la Marne, Schwartzemberg la Seine. Napoléon poursuit les Prussiens qu'il défait à Champaubert et à Montmirail, les Autrichiens à Montereau et à Méry-sur-Seine. Les deux empereurs reviennent à Chaumont où ils signent le fameux traité de ce nom, par lequel ils s'engagent à resserrer la France dans ses anciennes limites de 1789.

Cependant Napoléon soutient contre les alliés une lutte gigantesque, où il semble se multiplier lui-même. De nouvelles et sanglantes batailles ne peuvent les empêcher de se réunir ; alors il veut tomber sur leurs derrières, livre à Saint-Dizier le 26 mars un dernier et inutile combat. Paris avait capitulé.

Notre département avait été d'abord le théâtre de la guerre qui se continua ensuite dans ceux de l'Aube, de la Marne, de Seine-et-Marne et de l'Aisne.

L'invasion de 1814 fut ruineuse pour le département de la Haute-Marne ; les masses d'hommes qui l'occupèrent d'abord dévoraient toutes les subsistances, les pillards cosaques dévastaient les villages, et les paysans s'enfuyaient dans les bois avec leurs bestiaux et ce qu'ils avaient de plus précieux. Ils n'y étaient pas trop poursuivis par les alliés, mal renseignés sur la topographie du pays et redoutant toujours l'arrivée inattendue de Napoléon.

A Chaumont, le faubourg de Buxereuilles fut incendié ; on démolit ou on brûla beaucoup de maisons. La ville, pauvre alors et sans ressources, fut accablée de charges énormes, en argent, vivres, souliers, habits, qu'il fallait fournir gratis aux soldats ennemis.

Vingt-cinq ans après l'invasion, elle n'avait pu, faute
d'argent, exécuter les travaux les plus indispensables ;
il en fut de même de Langres.

La défaite de Napoléon à Waterloo ramena de nouveau l'invasion étrangère, mais du moins elle fut régulière et pacifique. Un autre désastre la suivit.

Pendant ces va-et-vient des armées, beaucoup de
terres n'avaient pas été ensemencées, et la récolte de
1816 fut mauvaise ; on souffrit d'une famine affreuse
pendant cette année et celle de 1817. Le pain se ven-
dit 50 et 75 centimes le demi-kilogramme ; point de
pommes de terres pour en tenir lieu, on allait couper
des orties et l'herbe des champs qu'on faisait cuire
pour en tirer un misérable aliment ; le vin faisait
absolument défaut, on le remplaçait par des infusions
de prunelles ou de pommes coupées, et n'en avait pas
qui voulait.

Telles furent les souffrances qui accompagnèrent
et suivirent l'invasion de 1814 dans notre pays.

Les habitants des villes et des campagnes avaient
regardé d'abord avec stupéfaction le passage des ennemis et n'avaient pas essayé de s'y opposer ; réveil-
lés de leur inertie, ils attaquaient les soldats isolés,
coupaient les convois, arrêtaient les cavaliers. L'abdi-
cation empêcha seule la guerre de prendre des pro-
portions plus redoutables ; le genre de vie de nos
pères les rendait très-propres à soutenir une lutte :
beaucoup d'entre eux avaient été soldats, à la fin du
dix-huitième et au commencement du dix-neuvième

siècle ; ils menaient généralement une vie dure, mangeant du pain noir composé de seigle et d'avoine, ou de seigle mêlé à un peu de froment, ne buvaient du vin pour la plupart qu'au moment des moissons ; ne connaissaient l'usage ni du sucre ni du café qu'on consommait tout au plus dans les grandes occasions, comme les mariages et les baptêmes.

Cet état de choses a duré jusqu'en 1835 où l'accroissement de la richesse, la facilité des communications ont permis de se donner plus de bien-être.

CHAPITRE XIV

Récit sur l'invasion de 1814

PAR M. DARDENNE (1).

Notre ville est toujours pleine de troupes de toutes armes... Les troupes qui partent d'ici sont de suite remplacées par d'autres, et le mouvement se fait toujours sur Bar-sur-Aube. On évalue à plus de cent cinquante mille hommes les soldats, tant infanterie que cavalerie, qui sont passés par Chaumont, sans y

(1) M. Dardenne, professeur au collège de Chaumont et bibliothécaire de la ville, a écrit pendant l'invasion de 1814 des lettres qui offrent de précieux renseignements sur cette époque néfaste. Connaissant autant que cela est possible toutes les branches des sciences, il était capable de lire et de comprendre les ouvrages dont il nous a laissé le savant catalogue.

compter tout ce peuple d'hommes, de femmes, de va-
lets, de pillards qui s'attachent à la suite d'une armée,
comme les bêtes carnassières à la suite d'une cha-
rogne. Il est difficile d'en dire le nombre, tant il vous
paraîtrait exagéré, ainsi que celui de leurs chariots. Jamais armée n'a traîné après elle un ba-
gage aussi considérable, en voitures, en chevaux, en
employés.

On a conduit ici un grand nombre de voitures de
blessés des troupes alliées. Nos hôpitaux sont trop
petits pour les recevoir tous. Je me suis un instant
trouvé sur le passage de ces voitures, couvertes seulement d'une mince toile, par un froid très-rigou-
reux. L'air retentissait des cris, des gémissements
que poussaient ces infortunées victimes de l'ambition;
c'était à fendre le cœur. Je n'ai pu y tenir, et me
suis enfui en maudissant la guerre et ses fureurs impies.

On ne voit que chariots, que voitures, que chevaux, qui bivouaquent, et ceux qui les gardent enlèvent pour se chauffer, les meubles, les portes, les
fenêtres, les solives des maisons des faubourgs. Pour
éviter ces dévastations, le maire a fait couper un
grand nombre d'arbres de nos promenades afin de
fournir du bois aux bivouacs ; mais il paraît que les
Cosaques et les Autrichiens aiment mieux le bois sec.
C'est une désolation. A l'un de ces bivouacs, j'ai vu
une grosse poutre brûlant par le milieu, et dont le
feu était activé par celui de plusieurs solives, de quel-

ques chaises et d'une porte. Autour de ce feu, une douzaine de hideux Cosaques fumaient gravement, assis sur des fauteuils. Tel on peint Satan et ses ministres dans sa cour infernale, ou les suppôts de l'Inquisition autour d'un auto-da-fé; il n'y manquait que la victime.

Nos concitoyens, victimes de ces excès, gémissent et n'osent se plaindre. A qui, d'ailleurs, adresseraient-ils leurs plaintes? Quel est le chef qui voudrait mettre un frein à ces ravages?

J'ai vu, de mes yeux, démolir dans un jardin un joli pavillon, pour en brûler les boiseries. Les maisons de vingt particuliers ont été dévastées de même. Ce spectacle affligeant se renouvelle tous les jours, et il est impossible de prévoir quand il aura un terme; et ce qui jette dans une grande admiration de l'audace de ces soldats, c'est qu'ils procèdent à leur œuvre d'iniquité avec un sang-froid et une lenteur qu'on a peine à concevoir. On les dirait payés pour ce genre de travail, tant ils sont endurcis au métier. Le cœur saigne à la vue des malheureuses victimes de ces ravages, car jusqu'à présent il n'y a eu que la cabane du pauvre qui ait été ainsi dévastée...

Pendant que l'infanterie russe défilait si prestement à travers nos murs, des Cosaques, qui sont au bivouac sur nos promenades, s'amusaient à fouiller et à démolir quelques maisons des faubourgs. Un de mes amis a eu tout son linge volé, et ses meubles et ses portes enlevés.

Ils ne lui ont laissé que les habits qu'il avait sur le corps. Ils sont occupés maintenant à jeter les murs de la maison par terre, afin d'en brûler les solives et les poutres. Chaque bivouac a ainsi, au milieu de son feu, une ou deux poutres en travers, dont la flamme claire et vive s'élève vers le ciel comme celle d'un holocauste. La victime manque. Qui sait si MM. les Cosaques ne s'enhardiront pas jusqu'à prendre quelqu'un de nous pour compléter le sacrifice? Tous les jours on voit ou l'on apprend que quelques maisons ont été ainsi saccagées et démolies : c'est l'effet de la licence soldatesque.

Le major-général Radetzki commandait à Chaumont pendant la campagne de Champagne de 1814; voici de quoi se composait la carte de sa table : Il fallait chaque jour fournir trente livres de bœuf, un mouton, un demi-veau, six pièces de volaille de différentes espèces, dont deux dindons au moins, deux livres de sucre et deux de café, trente bouteilles de vin ordinaire, dix de vin de Champagne, dix de Bourgogne, trois bouteilles de liqueur de France de première qualité, quarante livres de pain, une tourte et un pâté froid, des légumes de différentes espèces, quatre livres de beurre, quarante œufs, deux livres de poissons; enfin, il avait exigé une fois pour toutes, cinquante harengs, vingt pots de moutarde fine, trente limons et quarante oranges, dix bouteilles de vinaigre d'estragon et vingt bouteilles d'huile d'olives. Radetzki était au service de l'Autriche.

CHAPITRE XV

Invasion de 1870.

L'invasion de 1870 est encore bien près de nous, ce n'est pas une raison pour la passer sous silence ; les jeunes générations qui s'élèvent doivent en avoir une idée juste, afin de pouvoir connaître les désastres qu'elle a infligés à notre pays et les moyens par lesquels il peut reprendre le rang élevé qu'il occupait naguère parmi les nations.

Le 19 juillet 1870, la guerre avait été déclarée par l'empereur Napoléon III à la Prusse. L'armée française comptait deux cent vingt mille hommes, répartis en corps isolés, les uns au-delà des Vosges, dans le département du Bas-Rhin, en Alsace, les autres, dans le bassin de la Moselle et de son affluent la Sarre. Réunie en une seule masse, elle n'aurait pu lutter avantageusement contre les six cent mille hommes dont disposaient les Prussiens au commencement de la campagne, dispersée sa ruine était certaine.

Le combat de Wissembourg, et la bataille de Reischoffen rejetèrent au-delà des Vosges, après une résistance héroïque, l'armée du maréchal de Mac-Mahon. Le général Frossard, vaincu à Forbach, fut repoussé sur Metz. L'Alsace et la Lorraine étaient occupées par les Prussiens, Strasbourg et sa petite garnison bloqués.

Les Allemands arrivaient sur Metz, où se trouvait l'armée du maréchal Bazaine ; celui-ci leur livrait (14 août) successivement les trois sanglantes batailles de Borny, de Mars-le-Tour et de Saint-Privat, à la suite desquelles il était refoulé sous les murs de Metz.

Le maréchal Mac-Mahon gagna le camp de Châlons ; sa cavalerie suivit la route de Neufchâteau et Liffol-le-Grand à Joinville, son infanterie prit le chemin de fer de Neufchâteau à Bologne et descendit sur Joinville, Saint-Dizier, Châlons. Le corps d'armée du général de Failly suivit la route de Neufchâteau à Chaumont, puis gagna Châlons par la voie ferrée.

L'armée française, dans sa fuite, traversait notre département, elle attirait l'ennemi après elle. En présence des dangers imminents, on avait levé la garde mobile, comprenant les célibataires de vingt à trente ans, plus tard, on leva les célibataires de trente à quarante ans ; on les envoya à la place de Langres, où l'on n'avait pas d'armes à leur donner. Aux fusils à tir rapide des Prussiens, on n'eut à opposer que les anciens fusils de munition, et des fusils à tabatière (fusils de munition transformés, se chargeant par la culasse), le dépôt du 50ᵉ de ligne était seul armé de chassepots.

La nouvelle de nos désastres n'avait point terrifié les esprits, elle les avait au contraire animés d'une patriotique colère ; de tous côtés on demandait des armes, on voulait marcher en masse, armer toutes les gardes nationales, se former en corps de francs-tireurs, illusions profondes et qui ont trop duré. Un rassemblement d'hommes même bien armés, mais ignorant du métier des armes, sans discipline, ne tiendra jamais contre un petit nombre de soldats aguerris et conduits par des officiers capables.

Cependant les 200 mille hommes du prince royal de Prusse, poursuivaient Mac-Mahon par Poissons et Joinville, par Chevillon et Wassy, par Saint-Dizier et Perthes, pour entrer ensuite dans les départements de l'Aube et de la Marne. Mac-Mahon, envoyé pour renforcer Bazaine à Metz et arrêté par des ordres contradictoires, se retira sur Sedan. Blessé grièvement au commencement de la bataille, il dut céder son commandement après une lutte meurtrière. 80 mille français acculés dans Sedan durent mettre bas les armes. La République fut proclamée le 4 septembre. Napoléon III était prisonnier.

Les cœurs ne furent point abattus dans notre département ; il fallait tout improviser : armes et habillements, on pourvut à tout avec une activité infatigable ; nos troupes improvisées furent organisées en bataillons, sous les ordres du général Colin. On comptait sur la résistance de Metz, Bazaine se rendit avec toute son armée (novembre 1870). N'ayant plus à craindre l'armée du Rhin, les Prussiens restés maîtres de Saint-Dizier, remontèrent la vallée de la Marne. Nos mobiles et mobilisés, sans artillerie, les attendirent à Provenchères, près de Joinville ; ils durent reculer sur Chaumont, qu'on évacua pour se retirer sur Langres. Nous étions la proie de l'ennemi.

Alors commença la période de l'occupation et des réquisitions : il fallut nourrir l'armée ennemie, l'habiller, la chausser, et lui payer des impôts. Munis de cartes de l'état-major, bien renseignés sur les ressources de chaque commune, les Prussiens nous épuisaient savamment, systématiquement ; ils fusillaient les habitants coupables de résistance armée, arrêtaient ceux qu'ils soupçonnaient d'hostilité, se présentaient dans un village et réclamaient une quantité indéfinie de pain, d'avoine, de foin, avec cette formule répétée : tout de suite, tout de suite, et la menace de mettre le feu si on ne faisait pas droit à leurs exigences.

Cependant Langres restait debout, suspendu comme une menace sur la tête des envahisseurs ; l'armement incomplet de cette place avait été réparé dans les limites du possible, on avait creusé des casemates, construit des batteries et des forts nouveaux, il aurait fallu pour la prendre une armée tout entière. Les Prussiens le savaient, ils s'aventurèrent jusqu'à Humes, dont les délogea le canon du fort des Fourches, tournèrent par Bourbonne et Fays-Billot, puis par Noidant-le-Rocheux, ils forcèrent les Français campés à Longeau à rentrer dans la ville, après un combat assez vif, brûlèrent quatre-vingts maisons de Nogent, dont ils avaient été chassés une première fois, subirent des échecs à Bricon et à Châteauvillain. Nos

jeunes troupes s'enhardissaient, nos officiers impro-
visés acquéraient de l'expérience, on délogea de
Prauthoy un corps ennemi de mille hommes. Avant
cette dernière lutte, il y avait eu un passage considérable de troupes ennemies dans la vallée de l'Aube,
le gouvernement de la Défense nationale voulait dé-
gager Belfort assiégé et obliger l'armée qui bombar-
dait Paris à lâcher prise.

Pour arrêter nos troupes qui remontaient la Saône
et le Doubs, les Prussiens ne pouvant passer sous le
canon de Langres, remontèrent les pentes boisées
du bassin de l'Aube, Châteauvillain, Aubepierre,
Auberive. On résolut, pour les prévenir, d'appeler à
la défense de Langres les hommes mariés de vingt à
quarante ans, et d'envoyer la garnison tomber sur l'ennemi. A l'honneur de notre département, les hommes
des pays envahis des arrondissements de Wassy et de
Chaumont, s'y rendirent en grand nombre, mais la
fortune rendit leur dévouement inutile. La défaite
d'Héricourt obligea l'armée de l'Est à passer en Suisse.
Paris capitula, la France dut subir les conditions de
la défaite.

CHAPITRE XVI

Incendie de Nogent par les Prussiens.

Le 16 décembre 1870, un détachement de la garnison prussienne de Chaumont arriva à Nogent et

exigea immédiatement une réquisition de foin, de paille, d'avoine, de café, de cigares et de l'argent pardessus le marché. Cinquante mobiles de la Haute-Savoie en garnison à Vitry, prévenus de ce qui se passait, débouchent au pas de course et expulsent l'ennemi. Les Prussiens vont chercher du renfort à Chaumont ; le lendemain 17, 800 hommes investissaient Nogent, ils étaient appuyés par 50 cavaliers et 2 pièces de canon. Les soldats français s'étaient retirés. Les ennemis massacrèrent d'abord dans une voiture qui les conduisait, M. Duvoisin, de Noyers, et Robert, d'Esnouveaux, vieillard de 70 ans ; dans les rues, sur le pas de leur porte, ils égorgent MM. Pierre Gabriel, et Nancey-Didier. Deux hommes dévoués parviennent à s'échapper et à gagner le cantonnement des mobiles, 70 savoyards accourent, la fusillade éclate dans le quartier des Hautes-Vignes ; en vain les Prussiens placent au premier rang les otages dont ils se sont emparés, leur ruse est déjouée. Pour épargner nos malheureux compatriotes, les mobiles tirent sur les artilleurs et les cavaliers. Le combat durait depuis une heure ; soudain, l'ennemi ramasse ses morts et ses blessés, 800 hommes reculaient devant 70 et traversaient en désordre le village de Mandres, pour se replier sur Chaumont. 2,000 mobiles pendant ce temps entraient à Nogent ; pendant quatre jours ils attendirent l'ennemi, qui ne revint pas ; on les rappela à Langres, soixante d'entre eux seulement restèrent dans la ville menacée. Les Prussiens furent prévenus de cette retraite. Le 11 au matin, 2,000 hommes arrivent par Louvières, les mobiles courent à leur rencontre, pour éviter à la ville une lutte dans les rues, ils sont décimés par les balles prussiennes, et obligés de se retirer dans les habitations de Nogent-le-Bas. L'ennemi, muni de paille et de pétrole, incendie soixante maisons, des femmes, des enfants, des mobiles s'étaient cachés sous les combles de l'une d'elles, ils ferment les issues et y mettent le feu. Les femmes tenant leurs enfants dans leurs bras, se laissent tomber sur le sol d'une hauteur de six à sept mètres, les mobiles sont achevés à coups de baïonnettes ou rejetés dans les flammes. Pendant cette exécution de la ville basse, six pièces de canon bombardaient la ville haute ; cela dura jusqu'à trois heures du soir. Alors commença le pillage, les portes et les volets des maisons restées intactes volent en éclats, on défonce les meubles pour y trouver des objets de prix; à quatre heures, les Prussiens se retirent, ils avaient bombardé et pillé une ville sans défense et détruit quatre-vingts maisons.

CHAPITRE XVII

Combat de Bricon.

Les Prussiens transportaient beaucoup de troupes entre Chaumont et Châtillon, il s'agissait de faire sauter un de leurs trains, de leur rendre terreur pour terreur. Un officier courageux, le capitaine Javouhey, se chargea de cette entreprise difficile. Il sortit de Langres le 22 décembre, à la tête de 84 hommes, dont 40 sapeurs du génie ; la troupe passa près de Vieux-Moulins et Courcelles-en-Montagne, entra dans la vallée de l'Aujon et arriva à Valbruant. Le marquis de Vernou, propriétaire du domaine, accueillit avec bonheur nos soldats qui purent se reposer sous un toit hospitalier. Malheureusement, un contre-temps eut lieu qui modifia tout le projet, les soldats portaient dans leurs sacs des galettes de fulmi-coton, substance inflammable qui a une singulière propriété ; enflammée à l'air libre, elle flambe sans détonner ; enflammée au moyen du fulminate de mercure, elle détonne avec une violence supérieure à celle de la dynamite et des poudres les plus puissantes.

L'artificier qui portait le fulminate de mercure l'avait placé sous un poêle encore chaud, il avait fait explosion; dès lors impossible de faire sauter le train. Le capitaine Javouhey ne se découragea pas et résolut de le faire au moins dérailler. Sa colonne se mit en marche le 24 et gagna la voie ferrée à 3 heures du matin, près du village d'Orges, à un kilomètre de Bricon. Le froid était excessif, dix-sept degrés au-dessous de zéro, il fallait à toute force mettre les troupes à l'abri. On savait qu'il y avait là une petite maison de garde-barrière, on l'entoure et un canonnier alsacien parlant la langue allemande se la fait ouvrir, Nos troupes y trouvèrent un tableau de service du chemin de fer annonçant le passage d'un train pour huit heures du matin. Aussitôt les canonniers et les sapeurs enlèvent les rails pour les replacer ensuite, de manière qu'ils ne se trouvent plus dans le prolongement les uns des autres. A sept heures et demie, une vedette signala sur la voie une patrouille de six soldats prussiens; ils marchaient à trente mètres de distance l'un de l'autre et inspectaient la voie. Vingt francs-tireurs commandés par l'officier Barbas, entrent dans les bois et s'avancent du côté de la patrouille ennemie qui s'approche de la maison. Les sapeurs sortent, les Prussiens s'enfuient et tombent au milieu des francs-tireurs ; deux sont tués, les quatre autres prisonniers. Un canonnier est aussitôt habillé avec les effets du garde-frein pour faire le signal ordinaire du mécanicien du train. Quelques minutes après, arrivait un train d'une grande longueur, traîné par deux locomotives ; il marchait lentement d'abord, puis un peu plus vite, il tomba dans le piège qu'on lui avait tendu et plusieurs wagons déraillèrent ; les soldats prussiens tombaient les uns sur les autres en poussant des cris de détresse; on commença le feu sur des voitures pleines. Cependant cette fusillade nourrie fit sortir de Bricon les soldats prussiens qui y étaient cantonnés. Il fallut faire retraite, elle commençait à s'opérer quand le capitaine Javouhey fut blessé par une balle qui atteignit le poumon gauche. Il fut sauvé par le dévouement de deux de ses hommes, qui le cachèrent derrière un fourré et le transportèrent dans une ferme où il fut longtemps alité. L'officier Barbas conduisit à Val-Bruant ses soldats et ses prisonniers. Les Français avaient eu cinq tués et quatre blessés.

CHAPITRE XVIII

Pièces concernant l'invasion de 1870.

Citons d'abord le morceau de baragouin suivant, qui nous fut adressé par M. Von Vickede, préfet de la Haute-Marne, pour le roi de Prusse.

« Par sa majesté le roi de Prusse, généralissime de toutes les armées allemandes, je suis nommé préfet du département de la Haute-Marne.

« En prenant aujourd'hui la direction des affaires, j'adresse les paroles-ci suivantes aux habitants du département.

« Les lois de la guerre sont sévères, quelquefois même dures, et les intérêts pour la troupe sont impérieux en première ligne, c'est de mon office indispensable de pourvoir aux besoins de l'armée et aux exigences de la guerre, et je remplirai ce devoir avec toute l'énergie nécessaire. Mais en même temps j'agirai de mon mieux pour répartir le fardeau du département avec la plus grande justice, pour écarter chaque acte de violence illicite, pour atténuer la situation tant que possible.

« Je prie les habitants du département d'avoir de la confiance dans ma bonne volonté, etc. »

Cette prose, aussi doucereuse que mal écrite, fut suivie des effets suivants :

1° Un impôt de deux francs par tête d'habitant de chaque commune ;

2° Deux mille paires de bottes pour le canton de Chaumont ;

3° Mille couverts pour soldats de passage ;

4° Deux mille kilogrammes de viande ou mille kilogrammes de lard, chaque jour ;

Pour quinze jours, 45 mille kilogrammes de pain, 30 mille kilogrammes de riz ou 60 mille kilogrammes de pommes de terre ;

En outre, 60 mille litres de vin ou 60 mille de bière.

Il va sans dire que pendant qu'on payait ces impositions, chaque habitant logeait et hébergeait des soldats qui changeaient souvent de quartier et arrivaient à toutes les heures du jour et de la nuit, tantôt grossiers, tantôt familiers et flatteurs.

L'attitude de la population pendant cette désastreuse époque fut en général réservée et digne ; il y eut cependant des exceptions dans les campagnes, où les habitants étaient terrifiés par la crainte des exécutions.

Dans les villes quelques hommes ne craignirent pas de se montrer avec les Prussiens et de se vanter de leurs relations avec eux. Après la paix, quand on n'avait plus l'excuse de la terreur, il s'en trouva pour les prendre volontairement comme commensaux. Ces bassesses, heureusement fort rares, ont valu le mépris public à leurs auteurs, et n'ont point été contagieuses. Notre pays, sentinelle avancée de la France vers la frontière, a su supporter de rudes épreuves, et son dévouement à la patrie commune n'a point faibli dans le malheur.

Notre département paya plus de onze millions à l'étranger, mais son travail, son industrie ont réparé ou répareront ses ruines ; ce qui a frappé au cœur tous ses bons citoyens, c'est l'humiliation de la France, c'est la perte de l'Alsace et de la Lorraine. Nous pouvons atténuer le résultat de pareils désastres par la pratique du travail, par les vertus civiques, par l'obéissance aux lois de la République ; nous devons avant tout retrouver les vertus que nous avions perdues, redevenir militaires et porter les armes avec plaisir, non pour faire des conquêtes, mais pour défendre avec honneur et succès notre patrie.

CHAPITRE XIX

Littérature.

La Champagne a été au moyen âge et dans les temps modernes, la patrie des historiens et des poètes ; au douzième siècle fleurissait le grand auteur de chansons de gestes, Chrestien de Troyes, qui fit le roman de *Lancelot du Lac et des chevaliers de la table ronde*. Les chansons de gestes ou romans étaient des poëmes de plus de vingt mille vers qui célébraient les grandes actions ou gestes des héros. Comme l'imprimerie n'existait pas, que les manuscrits étaient fort chers, et que beaucoup de nobles ne savaient pas lire, le trouvère ou poëte allait débiter ses compositions de château en château. Pendant l'hiver, on s'ennuyait dans les noires demeures du seigneur féodal, perchées comme des nids d'aigle au sommet d'une montagne, les seigneurs voisins ne se visitaient guère, ils se défiaient des uns, des autres. L'arrivée du trouvère variait la monotonie de leur existence ; la vielle suspendue à son cou, il entrait dans la grande salle pavée, et s'asseyait sous l'immense cheminée, où flambait un tronc d'arbre ; le baron, les écuyers, les demoiselles attendaient avec impatience qu'il commençât son chant, alors il racontait comment Roland avec son épée Durandal ébréchait les rochers et coupait en deux les Sarrasins, comment les notes de son cor merveilleux se faisaient entendre à plusieurs lieues de distance. Les géants, les enchanteurs s'efforçaient en vain d'effrayer les braves, le poëte leur assurait toujours la victoire. Tour à tour, il provoquait des cris d'enthousiasme ou faisait verser des larmes d'attendrissement ; quand il avait fini, on lui donnait de l'or, des chevaux, des habits. Après son départ, le manoir retombait dans le silence et l'ennui.

Les trouvères champenois, poëtes et chanteurs en même temps, ont été copiés par les poëtes allemands du moyen âge, qui ont donné leurs traductions pour des œuvres originales. Thibaut IV, comte de Champagne, mort en 1253, a laissé soixante-six morceaux fort remarquables, malheureusement sa langue comme celle de Chrestien, de Troyes, demande pour être comprise une étude spéciale.

Il en est de même de l'historien de la quatrième croisade, Villehardouin (1213), et de Joinville qui écrivit un siècle après.

Jean, sire de Joinville, né dans cette ville en 1224, appartient à notre département ; il accompagna saint Louis dans la septième croisade, fut fait prisonnier avec lui par les Sarrasins en Egypte, il devint ensuite l'ami et le commensal du roi, dont il nous a retracé la vie ; il mourut presque centenaire, en 1318, après avoir vécu sous le règne de six rois. Joinville est le type du Champenois fin et railleur sous son apparente bonhomie, rarement enthousiaste, entendant bien son intérêt. Il faut que les vertus du pieux roi aient été bien grandes pour exciter l'admiration d'un pareil homme.

Notre historien a des sentiments religieux que le danger surexcite. Joinville partit avec Louis IX pour la septième croisade; en 1247 il aborda en Egypte. Il se conduisit bravement à la bataille de la Mansourah; il fut fait prisonnier comme saint Louis, suivit son roi en Palestine et revint avec lui en France, au bout

de cinq ans, fatigué des expéditions lointaines, et
trouvant que ses voisins avaient profité de son absence
pour piller sa seigneurie. Quand il eut mis ordre à
ses affaires, il alla revoir le roi, dont il n'était pas le
vassal direct, puisque le comte de Champagne était
son suzerain (seigneur) immédiat. Alors se continua
entre ces deux hommes, cette amitié qui fait tant
d'honneur à notre historien, et cependant ce n'était
pas un saint, le sire de Joinville, il le prouva bien
une fois que le roi lui ayant demandé ce qu'il préfé-
rerait d'être lépreux ou d'avoir commis un péché
mortel, il répondit sans réfléchir, qu'il aimerait mieux
avoir commis trente péchés de ce genre que d'être
lépreux. Le roi le blâma fort de cette parole impie,
et la lui fit rétracter. Joinville assista aux actes de
courage, de piété, de justice, qui ont fait de saint
Louis le plus grand roi chrétien ; il l'admirait, cependant il ne le suivit pas dans sa dernière croisade, en
1270, l'expédition en Egypte, disait-il, avait trop
ruiné ses domaines. Bien lui en prit de ne pas aller
attaquer Tunis, pour y mourir de la peste comme le
ro. .t la moitié des Croisés. Il passa le reste de sa
vie dans son beau château de Joinville, et lorsque
l'âge eut diminué ses forces, il écrivit l'ouvrage qui
l'a rendu immortel, et que tous nos compatriotes
doivent lire dans la traduction qu'on en a donné.

CHAPITRE XX

Récit extrait de Joinville.

« Du feu grégeois jeté par les Sarrasins.

« Il arriva un soir que les Sarrasins amenèrent un engin qu'ils nommaient la Pierrière qui était grand et terrible pour le dommage qu'il nous causait, et cet engin fut mis vis-à-vis de nos chats chateils desquels nous avons parlé ci-dessus. Et quand messire Gauthier de Curelle, bon chevalier, et moi qui avais la charge de garder lesdits chateils, vîmes ledit engin, nous fûmes grandement étonnés ; car les Sarrasins commencèrent à jeter contre nous du feu grégeois en si grande quantité, que c'était la chose la plus épouvantable que je visse jamais.

« Quand le bon chevalier, messire Gautier, mon compagnon, vit le grand danger où nous étions, il s'écrie, disant : « Seigneur, nous sommes tous perdus
« à jamais si Dieu ne nous aide, car si les Sarrasins
« brûlent nos chats chateils, nous serons aussi in-
« continent brûlés, car nous ne saurions éviter un tel
« inconvénient. D'autre part, si nous laissons ici nos
« gardes, et nous retirons, nous serons tenus pour
« chevaliers recrus et vivrons à grand honte le reste
« de notre vie. Pourquoi il me semble qu'il faut
« mieux mourir vertueusement que vivre honteuse-
« ment. Et pource qu'il n'est aucun qui nous puisse

« garantir de ce grand péril que Dieu seul, je vous
« conseille et vous prie tous que toutefois et quand
« les Sarrasins nous jetteront du feu grégeois, cha-
« cun de nous se jette sur les coudes à genoux, et
« crions merci à Notre-Seigneur qui est toute puis-
« sance, qu'il nous puisse délivrer du danger où nous
« sommes à présent. »

« Et aussitôt que les Sarrasins commencèrent à
jeter le premier coup de feu, nous nous mîmes à genoux sur les coudes, ainsi que le prud'homme qui
nous avait enseignés, et le feu tomba cette première
entre nos deux chats chateils, en une place qui était
devant : laquelle nos gens avaient fait pour étouper le
fleuve ; et incontinent le feu fut éteint par un homme
que nous avions propre pour ce faire. La manière de
ce feu grégeois était telle que quand il était jeté, il
était gros devant comme un tonneau, et par derrière
il faisait une queue longue d'une aune et demie. Il
faisait un tel bruit à venir, qu'il semblait que ce fût
la foudre du ciel, et me semblait un grand dragon vo-
lant dans l'air ; et il rendait une si grande clarté, que
dans notre camp il faisait aussi clair que le jour, tant
il y avait grande flamme de feu. Et cette nuit il nous
en fut jeté trois fois avec ladite pierrière, et quatre
fois avec l'arbalète à tour. Toutes les fois que le bon
roi saint Louis voyait que les Sarrasins nous jetaient
ainsi le feu, il se jetait par terre et tendait les mains
la face levée au ciel, criant à haute voix à Notre-Seigneur et pleurant à grosses larmes. Je crois ferme-

ment que les prières du bon roi nous garantirent de ce grand péril ; et chaque fois que le feu était tombé devant nous, il nous envoyait un de ses chambellans, pour savoir en quel état nous étions, et si le feu ne nous avait point blessés.

« Une fois que les Turcs tirèrent le feu, il vint tomber auprès des chats chateils que les gens de Monsieur de Courtenay gardaient, et frappa en la rive du fleuve qui était là devant et venaient devant eux tout ardent, aussitôt vint vers nous courant un chevalier de cette compagnie criant hautement : Aidez-nous, sire, ou nous sommes tous brûlés.

« Incontinent nous courûmes en cet endroit et éteignîmes le feu avec assez de peine, car les Sarrasins nous tiraient de l'autre côté des traits et pilots dont nous étions tous pleins. Moi et ceux de ma compagnie faisions la garde de nuit qui nous tenait en grand'peine et souci, car les Turcs avaient déjà brisé nos taudis et nos gardes. Et il arriva que ces traîtres de Sarrasins amenèrent devant nos gardes leur pierrière en plein jour, et commencèrent à jeter leur feu grégeois sur la chaussée du fleuve, et il nous jetèrent si continûment le feu qu'ils brûlèrent nos chats chateils, de quoi le duc d'Anjou fut si fâché qu'il voulait se mettre dans le feu pour l'éteindre, mais il fut retiré par les gens. Et de cette infortune, arrivée le jour nous louâmes Dieu, moi et mes chevaliers : car si les Sarrasins eussent attendu la nuit pour faire leur entreprise, nous eussions été tous brûlés. »

CHAPITRE XXI

Hommes illustres ou remarquables

NÉS DANS LE DÉPARTEMENT.

Au seizième siècle, notre département fut le séjour d'une famille célèbre, celle des ducs de Guise, qui s'illustra également dans la guerre et dans la politique. François de Guise, le défenseur de Metz, le conquérant de Calais sous le règne de Henri II (1547-1559), devint le chef du gouvernement, sous celui de François II (1559-1560); il perdit un moment son influence pendant la régence de Catherine de Médicis ; lorsque les troubles religieux commencèrent, il quitta Joinville pour se rendre à Paris. C'est pendant ce voyage que, passant à Wassy, il ne put empêcher le massacre des protestants de cette ville par les gens de sa suite.

François de Guise devint le général des catholiques, dont son frère le cardinal de Lorraine, était l'orateur. Vainqueur des protestants à Dreux (1562), il fut assassiné au siége d'Orléans.

Son fils, Henri dit le Balafré, naquit à Joinville en 1550, doué des mèmes talents militaires que son père, diplomate habile, adoré des populations catholiques, il n'avait cependant pas la même générosité de caractère. Il soudoya un assassin pour tuer l'amiral de Coligny, chef des protestants. Le coup ayant été manqué, il fut l'instigateur et l'un des principaux acteurs de la journée de la Saint-Barthélemy (règne de Charles IX, 1572), où l'on massacra les protestants à Paris et dans les provinces. Il fit tuer cette fois Coligny dont le cadavre fut jeté dans la rue. Henri de Guise s'assura par lui-même de l'identité de sa personne. Vainqueur des protestants à Fismes, il y reçut à la face une blessure qui lui valut le surnom de Balafré. En 1576, il fut le chef secret de la ligue formée pour défendre la religion catholique, et qui se proposa bientôt de détrôner le roi Henri III. Entouré d'une suite de gentilshommes jeunes et querelleurs, il les laissa se battre en duel contre les favoris du roi, dont trois périrent frappés à coups de dagues ou épées courtes.

Le duc de Guise triompha en 1587 des protestants allemands, aux combats de Vimory et d'Auneau. Il avait traité avec le roi d'Espagne, Philippe II. Le roi de France, tremblant dans Paris, défendit au duc de Guise de s'y rendre ; celui-ci désobéit. Paris se couvrit de barricades et mit en fuite la garde du roi ; Guise pouvait s'emparer de la couronne, il hésita. Henri III s'enfuit de Paris, et nomma son ennemi lieutenant général du royaume, mais c'était avec l'intention de s'en défaire.

Les députés des États Généraux avaient été réunis à Blois ; Guise s'y rendit. Un soir il fut mandé avec son frère le cardinal à la chambre du roi, il entra dans l'antichambre où se tenaient les gardes du roi, dits les Quarante-Cinq. Le duc souriant ouvrit un drageoir en argent renfermant des prunes confites et en distribua aux gardes ; ceux-ci s'approchèrent de lui : l'un le saisit par les pieds, l'autre par les épaules, un troisième lui enfonça son épée dans le dos, d'autres lui donnèrent des coups de dague. Guise traînant après lui ses meurtriers, alla tomber dans un coin de la salle. Henri III sortit de son cabinet, le remua du pied pour s'assurer qu'il était bien mort, et dit : Il me semble plus grand mort que vivant. Son frère, le cardinal de Lorraine, fut d'abord épargné, parce que les gardes ne voulaient pas se souiller du sang d'un prince de l'Eglise. Des suisses protestants furent moins scrupuleux, et le dépêchèrent à coups de hallebarde.

La famille des Guise s'éteignit au dix-septième siècle ; elle avait sa sépulture à Joinville, dans l'église de cette ville.

Les discordes religieuses du seizième siècle firent ressortir le talent de Guillaume Rose (né en 1611, mort en 1702), chanoine de Chaumont, sa patrie. Il alla prêcher à Paris, puis donna des leçons de rhétorique dans les villes où on l'appelait, il faisait marcher de front l'explication des beautés des auteurs anciens, et l'étude de la théologie. Chanoine aussi de Saint-Laurent de Joinville, il s'attacha aux Guise, ce qui ne l'empêcha pas de devenir prédicateur du roi Henri III. Mais il n'entendit point pour cela se faire le complaisant du monarque. « Le jour de carême prenant, le roi avec ses favoris furent en masques par les rues de Paris, où ils firent mille violences, et la nuit ils allaient rôder de maison en maison, faisant villenies jusqu'à six heures du matin. »

Rose blâma en chaire cette conduite, le roi le réprimanda et lui donna une assignation de 400 écus « pour acheter du sucre et du miel pour aider à passer le carême et adoucir ses aigres paroles. »

L'année suivante, 1584, il fut nommé évêque de Senlis ; devenu un des principaux membres de la ligue, il fit signer le traité de Joinville en 1585, écrivit en 1590 un gros livre latin contre les princes impies et hérétiques, et fut nommé recteur de l'Université de Paris. Lors du siége mémorable de cette ville par Henri IV (1590), il soutint par son éloquence le courage des habitants. Rose s'honora davantage en repoussant les prétentions de Philippe II au trône de France. Après l'entrée d'Henri IV à Paris, il se retira dans son évêché de Senlis, et éleva la voix contre l'édit de Nantes. Blâmé et condamné à l'amende pour ce fait, il ne s'humilia point. Rose ne fut point un ambitieux vulgaire. On peut lui reprocher des exagérations de conduite et de langage, si fréquentes dans les révolutions, mais il était sincère et animé d'un grand zèle pour la religion qu'il défendait.

Barbier-Daucourt, né à Langres en 1635, mort à Paris en 1694, fit une partie de ses études chez les jésuites de sa ville natale, et étudia le droit ; son début

malheureux au barreau a été immortalisé par ces vers
du lutrin de Boileau :

Le nouveau Cicéron, tremblant, décoloré,
Cherche en vain son discours sur sa langue égaré,
En vain pour gagner temps, en ses transes affreuses
Traîne d'un dernier mot les syllabes honteuses,
Il hésite, il bégaie, et ce triste orateur
Demeure enfin muet aux yeux du spectateur.

Après cet échec, Barbier se fit, d'avocat plaidant,
avocat consultant et publia des mémoires judiciaires
intéressants pour des procès civils ou criminels ; mais
ce n'est pas là ce qui le recommande à la postérité. Il
écrivit contre le père Bouhours, jésuite, un livre
intitulé : *Sentiments de Cléante sur les entretiens
d'Ariste et d'Eugène*, 1672. Cet ouvrage fut son
principal titre à l'Académie française, où il fut admis
en 1683.

Barbier était destiné à faire du bruit après sa mort.
On lui donna pour successeur à l'Académie M. de
Clermont-Tonnerre, grand seigneur, sans mérite ;
celui-ci, dans son discours de réception, ne nomma
point Barbier-Daucourt, parce qu'il s'était fait une loi
de ne jamais parler de personnes d'une naissance
commune. Sa vanité lui coûta cher. L'abbé de Caumartin, le récipiendaire, fit l'éloge de Barbier, qui ne
devait rien à la fortune, puis, tout en comblant M. de
Clermont de compliments, il persiffla les prétentions
et la nullité littéraire du nouvel académicien, qui prit

des sarcasmes pour des louanges. Le lendemain, on le fit revenir de son erreur ; il se plaignit au roi. L'abbé de Caumartin fut semoncé sévèrement, et attendit longtemps un évêché qui était dû à son mérite. M. de Clermont continua à être un objet d'envie, à cause de sa fortune, de ridicule, à cause de sa sottise.

Denis Diderot, né à Langres en 1713, mort à Paris en 1783, est l'un des écrivains les plus remarquables du dix-huitième siècle, par l'étendue de ses connaissances et l'originalité de son esprit. Excellent critique d'art, il indiqua aussi des voies nouvelles à la littérature, à la poésie dramatique et aux sciences, et fut le principal rédacteur du Dictionnaire de l'Encyclopédie. La licence qui règne dans une partie de ses ouvrages, empêche malheureusement d'en recommander la lecture.

Notre département a fourni dans les temps modernes des écrivains remarquables. Il a eu aussi des artistes et surtout des sculpteurs, dont le plus célèbre est Edme Bouchardon, né à Chaumont en 1698, mort à Paris en 1762.

On connaît le nom de Bouchardon dans la Haute-Marne, on connaît peu ses œuvres qui se trouvent à Versailles, à Paris et à Rome. Son père, sculpteur comme lui, l'envoya étudier à Paris où il obtint le prix de l'Académie, et fut envoyé à Rome comme élève pensionnaire du roi. Il y fit, entre autres ouvrages, le buste du pape Clément XII, et en rapporta des études qui le firent proclamer le premier dessinateur de l'époque. Il exécuta, pour les bassins de Versailles, un triton domptant les dragons, et pour la chapelle du château, saint Charles communiant les pestiférés, le Christ, la Vierge et huit apôtres pour l'église Saint-Sulpice. Enfin, il fut l'auteur de la statue de Louis XV, placée sur la place de ce nom, appelée aujourd'hui place de la Concorde. Malheureusement, le souverain dont il reproduisait l'image, était peu aimé. On colla ces deux rimes sur la base du piédestal :

Sans cœur, sans âme, sans entrailles,
Il est ici comme à Versailles.

Pendant la Révolution, on détruisit ce beau monument de sculpture.

Il ne faut pas confondre Edme Bouchardon avec Jean-Baptiste, son père, sculpteur et architecte. L'autel de la Vierge de l'église Saint-Jean-Baptiste de Chaumont est l'œuvre de ce dernier. C'est aussi d'après ses dessins et sous sa direction qu'ont été exécutés le banc d'œuvre et la chaire à prêcher de la même église.

Ziegler, né à Langres en 1804, mort en 1856, fut un peintre remarquable dans les sujets religieux ; il a peint la coupole de la Madeleine, le beau tableau de *David dans la fosse aux lions*, et pour le musée de Langres, l'*Imagination* et *la Rosée*.

Lombard, de Langres, homme de lettres, a composé des pièces de théâtre et des poëmes, et il a laissé sur la Révolution et le temps qui l'a précédé, de curieux mémoires qui nous intéressent tout spécialement, car il parle de beaucoup d'événements qui se sont passés dans notre pays et dans les départements voisins.

Lombard avait été, avant 1789, l'élève du père Barbe, de la congrégation de la doctrine chrétienne, fabuliste de mérite et professeur au collège de Chaumont ; cet homme vénérable le tira d'un mauvais pas, où son imprudence l'avait exposé. Il adopta les idées de la Révolution, et pendant la Terreur se cacha dans le département de l'Yonne, où par peur il plaça son nom au bas d'une pétition demandant la mise en accusation de Marie-Antoinette. Il se vengea de la frayeur que les Jacobins lui avaient inspirée, en les invectivant quand ils ne furent plus au pouvoir. Membre du Directoire de la Haute-Marne, puis ambassadeur en Hollande, il en revint en 1799, et ne fut plus employé par le gouvernement. Il mourut en 1830.

Lombard nous a fait un tableau assez exact de la Révolution dans les petites villes de province ; il réfute les accusations lancées contre le gouvernement du Directoire, à propos de la mort du général Hoche, qu'on attribuait au poison. Lombard vit le général gravir les escaliers du Luxembourg, appuyé sur les bras de ses aides-de-camp et toussant d'une façon effrayante. Hoche était phthisique au dernier degré.

Lebon Philippe, ingénieur des ponts et chaussées, né à Brachay en 1767, mort à Paris en décembre 1804, découvrit le premier l'application du gaz à l'éclairage. En l'an VII, il annonça sa découverte à l'Institut ; l'année suivante, il prit un brevet d'invention, et en l'an IX il publia un mémoire sur son thermolampe. En 1803, il expérimenta son système en grand dans l'hôtel Seignelay, qu'il habitait : façade, antichambre, salon, jardin, tout l'hôtel était illuminé, et une grotte à l'extrémité du jardin, lançait des flammes au lieu d'eau. Les Parisiens admirèrent pendant deux ou trois mois les effets du procédé de Lebon, mais on s'en tint à l'admiration. Lebon, presque ruiné, renonça à poursuivre son entreprise. Cet habile inventeur fut assassiné pendant la nuit sur la promenade des Champs-Elysées.

Vers la fin du dix-huitième siècle, la Haute-Marne a donné naissance à deux membres de l'Académie française, Etienne et Roger, qui furent aussi des hommes politiques. Le premier fut celui qui eut la plus brillante carrière.

Etienne, de Chamouilley (1775-1845), vint à Paris en 1796, et composa la jolie comédie de *Brueys et Palaprat*. Devenu secrétaire de Maret, duc de Bassano, ministre des affaires étrangères sous l'Empire, il s'occupa d'administration, sans négliger la littérature ; il fit jouer l'opéra de *Cendrillon*, ui eut un grand succès ; en 1811, parut la comédie des *Deux gendres*, qui lui valut un fauteuil à l'Académie française. Il est vrai qu'il paya cher ce triomphe ; on l'accusa d'avoir copié une pièce latine d'un jésuite, intitulée *Conaxa*. La satire et l'épigramme le criblèrent de leurs traits. Ce n'étaient point les mérites ou les défauts de sa pièce qui lui valaient ces attaques, mais bien son emploi de censeur et de surveillant des journaux. Les ennemis du gouvernement n'osant attaquer sa politique, crainte des rigueurs qui les menaçaient, se rejetaient sur les questions littéraires ; c'était moins l'auteur dramatique qu'on critiquait que le serviteur habile du gouvernement, celui qui employait sa plume à exprimer les volontés de l'empereur et de ses ministres. Quand l'Empire fut tombé, Etienne, chassé de l'Institut en 1815, fut un des adversaires les plus dangereux du gouvernement de la Restauration, qu'il combattit dans le journal *la Minerve* et dans le *Constitutionnel*. Membre de la Chambre des députés en 1830, il rédigea l'adresse de la Chambre au Roi, qui amena la dissolution de celle-ci, et par suite la Révolution. Nommé pair de France en 1839, il publia la collection complète de ses œuvres. On ne relit pas les articles de journaux échappés à la plume infatigable d'Etienne, mais l'histoire rappellera toujours le rôle important qu'il joua dans la politique pendant la Restauration.

Roger, né à Langres en 1776, dut à ses opinions politiques, bien plus qu'à son talent, l'honneur d'entrer à l'Institut. Auteur dramatique sous le Consulat et l'Empire, il a composé cinq comédies qu'on connaît à peine aujourd'hui de nom ; mais persécuté par les Jacobins, député au Corps législatif sous l'Empire, il devint partisan des Bourbons et fut nommé secrétaire général des postes en 1815 ; il conserva ce poste

jusqu'en 1830. Roger était un homme aimable, spiri-
tuel qui, dans sa carrière littéraire et politique, eut du
talent et surtout beaucoup d'habileté et de savoir faire.

Peignot (1766-1849), né à Arc, fut un érudit dis-
tingué. Il a composé de nombreux ouvrages d'érudition dont le plus intéressant est intitulé : *Amusements
philologiques ;* il y a compilé des pièces de vers en
latin burlesque, entre autres : l'*Histoire de Michel
Morin.*

Fériel, de Joinville, a écrit de savantes notes sur
l'archéologie religieuse, et a composé l'histoire de sa
ville natale.

Le plan de cet ouvrage nous interdit de parler des
auteurs vivants. Nous dérogerons cependant à cette
règle en citant le *Dictionnaire de la Haute-Marne
ancienne et moderne,* par Jolibois, et l'*Histoire de
Chaumont,* par le même. Ce sont des ouvrages d'une
vaste érudition, que les auteurs copient sans s'en
vanter, quittes à leur reprocher ensuite des défauts
réels ou imaginaires.

L'*Histoire de Langres,* par M. Migneret, est aussi
un ouvrage consciencieux et indispensable pour la
connaissance des annales de notre département.

Notre pays a fourni un grand nombre d'intrépides
officiers, pendant l'Empire et la Révolution. Le plus
célèbre fut Charles Denis, comte de Damrémont,
colonel de l'Empire et gouverneur de l'Algérie. Il fut
tué en 1837, devant la brèche de Constantine dont
l'armée s'empara après sa mort.

Defrance, officier et colonel sous la République, général de division sous l'Empire, était regardé comme un de nos meilleurs généraux de cavalerie, né en 1731 à Wassy, il mourut en 1835.

CHAPITRE XXII

Lieux célèbres dans l'histoire.

Andelot, sur le Rognon, chef-lieu de canton de l'arrondissement de Chaumont, est un bourg très-ancien, important déjà au temps des Romains ; il est célèbre dans notre histoire à cause du traité qui y fut conclu entre le roi de Bourgogne, Gontran et le roi d'Austrasie (Champagne, Lorraine, Alsace, partie de la Belgique), Childebert. C'est à cet acte qu'on fait remonter l'origine de la féodalité.

Les rois Francs, Clovis et ses successeurs, ayant envahi la Gaule, gardèrent pour eux une partie du territoire et distribuèrent le reste à leurs compagnons d'armes qu'ils appelaient leudes ou fidèles ; ils ne devaient au roi que le service militaire ou quelques dons volontaires, et ne payaient pas d'impôts ; ils rendaient la justice, et conduisaient à la guerre les hommes de leurs domaines ; peu à peu, ils constituèrent une aristocratie qui cherchait à se rendre indépendante des rois. La reine Brunehaut ayant voulu exercer son pouvoir en Austrasie, les grands lui dirent : « Femme, retire-toi, ou nous te faisons fouler sous les pieds de nos chevaux. »

Le pacifique Gontran, roi de Bourgogne, se présenta une fois devant l'Assemblée des leudes et leur dit : « Je vous en prie, ne me tuez pas comme vous avez tué mes frères, parce que mes neveux sont en bas âge, et si vous n'aviez plus de chef, la nation des Francs périrait. » Dans une autre circonstance, les leudes lui crièrent : « Roi, la hache qui a abattu tes frères n'est pas émoussée, prends garde à toi.» Furieux de cette insolence, dit l'historien Grégoire de Tours, il leur fit jeter sur la tête du fumier et de la paille pourrie, et ils s'en retournèrent couverts d'ignominie.

Un jour, les leudes d'Austrasie et de Bourgogne résolurent de tuer les deux rois Childebert et Gontran ; ceux-ci étant avertis du complot, en prévinrent l'exécution, et se réunirent à Andelot, sur les confins de l'Austrasie et de la Bourgogne. Ce pays était situé au point de jonction de deux voies romaines, partant d'Orléans et de Langres. Sur la montagne deMontéclair, que sa situation escarpée mettait à l'abri d'un coup de main, ils signèrent le traité d'Andelot, qui commençait ainsi : « Que le même bouclier nous protége, que la même lance nous défende ; » celui des deux rois qui survivrait à l'autre hériterait de ses Etats.

Les leudes ne pouvaient plus, selon leur caprice, passer du service d'un prince à celui d'un autre, mais les deux rois leur garantissaient la propriété des bénéfices ou terres qu'ils possédaient. Ces bénéfices devinrent héréditaires. Peu à peu, les propriétaires s'arrogèrent tous les droits de la souveraineté, comme de lever des impôts, de battre monnaie, de faire la guerre, d'établir des lois.

La France fut partagée au dixième siècle en une foule de petits Etats indépendants, dont les chefs appelés ducs, comtes, barons, marquis, sans cesse en lutte les uns contre les autres, n'obéissaient plus aux rois. On a appelé période féodale l'époque où la France comprenait plus d'un millier de petits états, et c'est au traité d'Andelot que remonte cette constitution nouvelle de la société.

CHAPITRE XXIII

Abbayes.

Avant 1789, il y avait dans la Haute-Marne douze communautés d'hommes et trois communautés de femmes ; les plus célèbres monastères d'hommes furent l'abbaye de Montiérender et celle de Morimond. L'origine de ces établissements se ressemble beaucoup ; presque toujours un homme poussé par des sentiments de piété, obtient d'un duc ou d'un comte la possession d'un territoire à peu près désert, ou peuplé seulement de quelques familles ; il s'y établit ainsi que ses disciples. Avec le temps, le nombre des membres de la communauté augmente, ses propriétés s'étendent, la piété des fidèles l'enrichit de terres, de forêts, d'étangs, on lui assure le droit de pêche dans les rivières, l'exemption des péages sur les routes, et beaucoup d'autres priviléges. Ce n'était pas sans raison que nos aïeux déployaient tant de générosité à l'égard des couvents : les moines priaient pour eux et leurs ancêtres ; de plus, ils avaient à supporter des. charges assez lourdes, à l'époque barbare des septième, huitième, neuvième et dixième siècles. Le pauvre, le malade, l'estropié, étaient abandonnés ; les princes ne s'occupaient pas de l'instruction publique, fonder un couvent équivalait donc à fonder un hôpital, un collége et une école. Les bienfaiteurs des couvents pensaient sans doute au repos de leur âme, en les dotant richement, mais ils pensaient aussi au bien-être de leurs semblables et exerçaient la charité sous la seule forme qui fût alors possible.

Tous les monastères ont eu des périodes de ferveur et de relâchement, de grandeur et de décadence. En 730, Charles-Martel distribua leurs biens à ses guerriers ; plus tard, (880), les Normands les saccagèrent ; au dixième siècle, les seigneurs les pillèrent ; ils s'enrichirent depuis l'an mil jusqu'en 1333, mais la longue guerre soutenue contre les Anglais leur porte une nouvelle atteinte ; au seizième siècle, les protestants brisent les images et saccagent les abbayes ; nos rois donnent une partie des revenus des couvents à des courtisans qu'on appelle abbés commendataires, et qui ne résident pas, ou bien ils désignent comme abbés des jeunes gens de grande famille. Au dix-huitième siècle, la ferveur monastique s'éteint, Louis XV supprime bon nombre de couvents et la Révolution de 1789 abolit tous les ordres monastiques. Quelles que soient les vicissitudes subies par les abbayes, il faut avouer que depuis les annalistes et historiens du moyen âge jusqu'aux bénédictins savants du dix-huitième siècle, elles n'ont pas cessé de produire des prédicateurs, des poëtes et des mathématiciens ; elles étaient dans les derniers temps l'asile d'une société aimable et polie.

L'abbaye de Montiérender fut fondée en 671, par saint Berchaire, originaire des environs de Poitiers ; celui-ci lui donna les biens qu'il possédait en Aquitaine et obtint du roi Childéric II exemption de tous impôts, droits et taxes ; il fut assassiné par un de ses moines, nommé Daguin. Ses successeurs eurent à lutter contre les seigneurs des environs, comme celui de Joinville, et contre les serfs de Montiérender, Ceffonds et Sommevoire qui ne voulurent plus leur payer de droit. Les moines luttèrent contre les abbés, et ceux-ci furent souvent choisis parmi des hommes de guerre, qui ne pensaient qu'à dilapider les revenus du couvent. Au seizième siècle, l'autorité de l'abbaye s'étendait sur vingt et un villages ; au dix-huitième, ses revenus étaient de 125 mille livres sans compter les coupes de bois qui rapportaient tous les ans 80 mille livres ; l'abbé nommé par le roi percevait la plus grande partie de cette somme. Il nous reste de l'abbaye de Montiérender les bâtiments claustraux et l'église placée au premier rang des monuments historiques à conserver ; sa partie la plus ancienne est du dixième siècle, les autres sont du treizième et du quinzième siècle.

L'abbaye de Morimond, petit hameau de la commune de Fresnoy, était l'une des plus importantes de France ; elle relevait comme celle de Clairvaux, de l'abbaye de Cîteaux dans la Côte-d'Or. Jean, ermite au douzième siècle, donna son ermitage aux bénédictins ; au quinzième siècle, les religieux de Morimond avaient sous leur dépendance sept cents maisons religieuses et cent villages de Champagne et de Lorraine.

L'abbaye d'Auberive, occupait le troisième rang par sa richesse ; ses bâtiments servent aujourd'hui de lieu de détention pour les femmes condamnées par les tribunaux. Les prisonniers qu'on y avait installés d'abord, ont été transférés à l'ancienne abbaye de Clairvaux, dans le département de l'Aube.

CHAPITRE XXIV

Antiquités.

Les Gaulois ont laissé sur notre territoire quelques monuments de leur culte. A Fontaines, canton de Chevillon, on trouve un menhir appelé la haute borne :

c'est une immense pierre brute, dressée debout, et
sur laquelle on avait sculpté une inscription qu'on n'a
pu déchiffrer. A Vitry-les-Nogent, il y a, ou il y avait
un dolmen, monument composé de deux pierres
brutes, en supportant une autre en forme de table.
Des monuments semblables existaient aux Fourches
de Langres, dans la forêt du Der, etc.; ils sont tous
antérieurs à la naissance de Jésus-Christ.

Quand les Romains eurent supprimé le Druidisme
dans la Gaule, ils y introduisirent le culte de leurs
divinités et particulièrement de Mercure, le dieu des
marchands et des voleurs. Des temples s'élevèrent à
Langres, au Châtelet, à Andelot, Montsaon, en même
temps l'architecture changea. Aux cabanes couvertes de
chaume, succédèrent des maisons en pierre, entourées
d'un portique, où l'on était à l'abri de la pluie et des
ardeurs du soleil. Les riches les décoraient de statues;
dans ces demeures, il y eut des bains ornés de mo-
saïques, c'est-à-dire des peintures exécutées avec des
pierres de diverses couleurs.

Chaque cité eut non-seulement des temples, mais
parfois des théâtres aux vastes gradins où des milliers
de spectateurs pouvaient trouver place. On érigea à
l'entrée des villes des portes triomphales comme
celle de Langres, de vastes aqueducs y conduisirent
de l'eau. La monnaie romaine frappée à Langres, cir-
cula partout. C'est à cette époque, qu'on appelle aussi
l'époque gallo-romaine, qu'appartiennent ces tombeaux, semblables à des auges carrées en pierre, où

l'on trouve de petits vases de terre ; l'usage s'en est continué aux cinquième et sixième, et jusqu'au treizième siècle.

L'invasion des barbares porta un coup mortel à l'architecture ; les villes furent dévastées et perdirent beaucoup de leurs habitants. Les évêques de Langres employèrent à construire des murs de défense, les débris des temples païens et des théâtres. Les habitations des grands à la campagne ne furent guère que des constructions en bois. Au neuvième siècle, les seigneurs construisirent des châteaux, dont l'architecture a varié, sans cesser d'être sombre, jusqu'au quinzième siècle. Un château n'était pas une maison de plaisance, mais une forteresse entourée de murs élevés, de fossés profonds dominés par des tours, où les habitants du voisinage pouvaient en cas d'attaque se retirer avec leurs bestiaux. Sauf le donjon de Chaumont, des débris à Vignory et dans quelques autres lieux, il ne subsiste presque rien des châteaux du moyen âge, démolis par nos rois en 1609, 1640 et 1650. Ceux du seizième siècle et des temps qui ont suivi, ont été la proie des spéculateurs à la suite de la vente des biens nationaux. On a détruit rarement pour détruire, mais les terres environnant le château ayant été vendues, il ne restait plus qu'une grande construction incommode, on l'achetait pour édifier avec ses matériaux de nombreuses maisons bourgeoises.

Parmi les châteaux de la Renaissance échappés à la ruine, il faut citer le château d'en bas de Joinville, et celui du Pailly. Ce dernier se compose de deux parties, d'abord une grosse tour carrée, surmontée de quatre tourelles, débris du manoir du moyen âge ; puis le château du seizième siècle à deux étages ornés de sculpture avec un escalier en spirale, renfermé dans une tourelle à jour d'une grande légèreté ; à l'intérieur, les salles sont vastes et élevées, leurs voûtes sont soutenues par des colonnes cannelées ; il y a d'immenses cheminées où l'on pourrait brûler des arbres entiers. Il fut construit en grande partie par Tavannes (1563), auteur de mémoires, homme de guerre, l'un des massacreurs de la Saint-Barthélemy.

CHAPITRE XXV

Églises de la Haute-Marne.

Les églises du moyen âge sont nombreuses dans le département de la Haute-Marne. Plusieurs d'entre elles sont classées parmi les monuments historiques. En les étudiant successivement on peut suivre sans interruption la marche de l'architecture religieuse et les différentes phases qu'elle a traversées depuis les premiers temps du christianisme jusqu'à la Renaissance.

Dès son origine, l'architecture religieuse suivit une double voie.

Les chrétiens de Byzance (Constantinople) inventèrent un style particulier, le style byzantin, qui est caractérisé par la forme de croix grecque (quatre branches égales) donnée aux églises et aux coupoles.

Le chrétiens de Rome, au contraire, ne paraissent pas avoir songé à élever au culte des édifices nouveaux ; ils se réunissaient dans les basiliques, édifices spacieux servant de tribunaux et de bourses de commerce. Les légères modifications de forme que ces édifices nécessitèrent pour être appropriés au culte constituent ce que certains auteurs appellent le style latin. Les basiliques et les églises latines diffèrent surtout des églises byzantines en ce qu'elles ont des plafonds en bois. En effet, peu à peu l'art de voûter s'était perdu en Occident ; aussi nombre d'églises de l'époque romane offrent-elles encore de curieux spécimens de ces charpentes. Telles sont dans notre département les églises de Montier-en-Der, de Sommevoire, de Vignory.

A plusieurs époques et dès le sixième siècle, l'art byzantin avait fait invasion en Occident. Au dixième siècle, après avoir élevé Saint-Marc de Venise, l'architecture byzantine apparaît définitivement en France et se mélange à l'architecture latine.

De cette sorte de fusion naquit au onzième siècle un style particulier qui est appelé style lombard en Italie, style saxon en Angleterre et style roman en France. Il a quelque chose de solennel mais de lourd : l'église de Vignory nous en offre les caractères distinctifs nettement indiqués. On y trouve les fenêtres étroites à plein cintre, les contreforts, les piliers massifs surmontés de chapiteaux de forme cubique (trace du style byzantin) variés et historiés d'animaux. A cette époque appartiennent encore la nef de l'église de Montier-en-Der, la nef et les bas côtés de l'église de Droyes (canton de Montier-en-Der), la nef et la tour de l'église de Sommevoire et son portail orné de dix-sept colonnes à chapiteaux variés, les tours de Voille-comte, de Ceffonds et de Wassy.

Au style roman succède le style gothique caractérisé surtout par l'ogive ou arc brisé, qu'on retrouve à la vérité dans les monuments de la plus haute antiquité ; en Egypte, en Asie, en Amérique dans les constructions mexicaines, mais qui ne caractérise un style d'architecture qu'à partir du douzième siècle.

Toutefois le passage du roman au gothique ne se fît pas brusquement, et l'ogive s'allia au plein cintre avant de le détrôner.

L'époque de cette alliance est appelée époque de transition. C'est à elle qu'appartiennent l'église de Saint-Mammès à Langres et surtout celle de Blécourt (canton de Joinville) monument complet et très-bien conservé.

Nous ne nous arrêterons pas aux différentes époques qui, se partageant le règne du style gothique, diffèrent entre elles surtout par l'altération que subit l'ogive primitive et les ornements de plus en plus nombreux dont on la surcharge. Les caractères principaux de cette architecture, qui sont les clochetons, le plan en croix latine, les rosaces, les colonnettes élancées, les arcs-boutants, les voûtes hardies, les tours placées systématiquement et surmontées d'une flèche, se retrouvent dans l'église Saint-Jean-Baptiste de Chaumont qui date du commencement du treizième siècle, et a été agrandie aux quinzième et seizième siècles. Le chœur et les transepts (galerie transversale à la nef) de Ceffonds appartiennent également au style gothique tandis que son portail date de la renaissance. Cette église, déjà si remarquable par sa tour romane et par ses beaux vitraux du seizième siècle, se rattache aux trois principales époques architectoniques ; l'époque romane, gothique et de la renaissance. Il en est de même de l'église de Droyes dont nous avons déjà cité la nef romane. Au chœur domine l'ogive et le chapelle des fonts est de la renaissance. Nous devons citer enfin l'église de Montsaugeon, surtout pour sa belle verrière représentant Jéhova, et ses boiseries du dix-septième siècle, et l'église de Saint-Geosmes pour la crypte curieuse qui existe sous le chœur.

Le lieu de la Haute-Marne le plus remarquable par ses antiquités est le monticule du Châtelet, commune de Gourzon, sur la rive droite de la Marne. De 1772 à 1775, on fouilla trois hectares de terrain, sillonnés par trente rues tirées au cordeau, et pavées de calcaire brut ; elles contenaient 128 maisons, dont quelques-unes étaient ornées de colonnes et pavées en briques et en marbre ; les toits étaient couverts en pierre ; un grand aqueduc y conduisait des eaux. Les fouilles y

ont fait reconnaître des ruines de deux époques différentes : la période gauloise et la période gallo-romaine ; ce sont, pour la première, des haches de
pierre, de silex, de grès, de jaspe et d'agathe, des
casseroles à encens, des médailles de la plus haute
antiquité ; pour la seconde des statues de Jupiter,
Minerve, Apollon, Diane et Mercure, des instruments
de musique, des poids et mesures, des poteries, plus
de dix à douze mille médailles en or, en argent, en
bronze. La ville gauloise fut ruinée trente ans après
Jésus-Christ, la ville romaine au cinquième siècle
après Jésus-Christ.

CHAPITRE XXVI

Cirey-le-Château.

Le château de Cirey, canton de Doulevant, doit
son illustration au séjour de Voltaire devenu l'hôte
de Madame du Châtelet. C'est là qu'il passa les
seize années de la maturité de son âge, occupé exclusivement à l'étude et au travail. Madame du Châtelet,
célèbre par ses ouvrages scientifiques, voulut le convertir au culte de la physique, et Voltaire publia
des mémoires sur la nature du feu, mais il se
dégoûta vite de cette besogne qui ne l'aurait pas élevé
plus haut que les académiciens ordinaires, il voulut
à son tour inspirer à madame du Châtelet le goût de

l'histoire qu'elle dédaignait, et prépara pour elle son *Essai sur les mœurs* ou *histoire universelle*, ainsi que le *Siècle de Louis XIV*; il y composa aussi les tragédies de *Mahomet* et d'*Alzire*, et beaucoup d'autres ouvrages.

Il avait fait graver au-dessus de la porte du salon ces vers :

> Asile des beaux-arts, solitude où mon cœur
> Est toujours demeuré dans une paix profonde ;
> C'est vous qui donnez le bonheur,
> Que promettait en vain le monde.

Bien peu de gens aujourd'hui voudraient de ce bonheur que préconisait Voltaire. Sauf quelques jours exceptionnels où après dîner il daignait montrer son esprit, il travaillait dix-huit heures par jour, déjeunait dans sa chambre d'une tasse de chocolat mêlé de café, ne sortait pas dans la journée, n'apparaissait à souper que pour y manger quelques petits pains et absorber sept ou huit tasses de café. Au bout d'une demi-heure, il se plaignait du temps que les soupers lui faisaient perdre, et retournait dans sa chambre. Son médecin lui avait recommandé de prendre de l'exercice et d'aller à la chasse ; il se commanda un attirail de chasse complet, courut le lièvre une fois et n'y retourna plus. Ce n'était pas la campagne et ses beautés que Voltaire recherchait à Cirey, mais une solitude où il pût travailler sans être dérangé ; le château était pour lui une cellule, non un séjour de plaisance. C'est de là qu'il correspondait avec Frédéric II, roi de

Prusse, et Stanislas, ancien roi de Pologne et duc de Lorraine.

CHAPITRE XXVII

La Mothe.

La Mothe, ancienne place forte du duché de Lorraine, était située sur une montagne de 506 mètres d'altitude au pied de laquelle coule le Mouzon. Thibaut, duc de Lorraine, voulant en faire la capitale du Bassigny, en affranchit les habitants, y établit un bailliage (tribunal) et y fonda un chapitre de dix chanoines. Au quinzième siècle, elle devint une forteresse exécutée suivant toutes les règles de l'art ; en 1634, elle soutint le duc de Lorraine, Charles IV, contre le roi Louis XIII, et fut prise après une résistance opiniâtre par le maréchal de Caumont la Force. Turenne fit ses premières armes à ce siége. La place fut rendue plus tard au duc de Lorraine, on ne tarda pas à s'en repentir ; Charles déclara de nouveau la guerre à la France ; les pillards de La Mothe désolèrent le Bassigny. Le cardinal de Mazarin, ministre du nouveau roi Louis XIV, résolut d'en finir. Il la fit assiéger par le maréchal de l'Hôpital que le duc de Lorraine obligea à abandonner ses tranchées et battit à Liffol, en 1644. Un favori de Mazarin, Magalotti, vint de nouveau l'investir, il y fut tué ; mais on fit sauter un bastion, la place capitula et fut complètement ruinée. Le territoire de La Mothe est aujourd'hui une dépendance de la commune d'Outremécourt ; il y reste encore quelques vestiges de construction et l'on y jouit depuis le plateau d'une vue magnifique.

CHAPITRE XXVIII

Les Patois.

Les Patois ne sont pas du français dégénéré et corrompu par l'usage qu'en ont fait des populations ignorantes, ce sont des débris de l'ancienne langue, telle qu'elle était parlée, et même écrite au moyen âge. Chaque province avait alors son idiome. Les rois de la race Capétienne ayant fixé leur séjour à Paris, la dynastie des Valois résidant sur les bords de la Loire, on se servit pour écrire de la langue usitée dans le centre de la France, qui devint la langue française ; peu à peu, la langue locale n'étant plus parlée que par des paysans, fut méprisée. Comme elle variait de village à village, elle était fort incommode, depuis longtemps on ne l'écrivait plus. La diffusion de l'instruction primaire, est en train de supprimer les derniers restes du patois. Notre idiome renfermait cependant une foule de locutions naïves et originales, de tours de phrases énergiques, de mots expressifs, qui seront toujours un sujet curieux d'étude. On parlait le patois lorrain à Joinville, dans l'arrondissement de Wassy et le Bassigny ; le patois bourguignon dans une grande partie des arrondissements de Chaumont et de Langres. En disparaissant, les patois ont laissé une prononciation différente pour ces deux parties du département ; à Langres, on accentue d'une manière bizarre, certains mots comme l'adjectif ou l'adverbe même, que les habitants prononcent avec le nez ; à Joinville, à Saint-Dizier, on traîne sur les mots et on grasseye. Nous donnons comme spécimen du patois des environs de Langres, le *Noël du village de Peigney*, composé en 1700, par le curé de cette commune.

NOEL DE PEIGNEY.

Peigney petit viliaije
Teujo ben estimai,
Tant pou sas bon fromaiges
Que son beurre et son lai.

Le Saint jo de Noay,
Mondieu las belles cheuses
Que se font à Peigney !
Le veux dire, mais je neuse ;
Pôtant si je me coge (1),
Qui serai si hâdi
Pou en faire l'éloge
Et le panégyry ?
        Peigney, etc. *(Refrain.)*

(1) Pourtant si je me tais.

Quemançons pa in bout
Et finissons pa l'autre :
C'a in fort bon raigout
Que de digner das gaufres
Pou aillemai lè beuche (1)
Lai voille de Noay (2),
Teut pateut sans reprenché
On l'ai fait à Peigney.

Peigney, etc. *(Refrain.)*

Dô que le carillon
Ainonce les maitaines (3)
On sorre les chaudirons
On ailleume les lantaines (4);
Les pères et les mères
Pou tô et lôs enfants,
Charcheat dans lôs armaires
Lôs pus bais vêtements.

Peigney, etc. *(Refrain.)*

Le daray cout senay (5)
Que teut chaicun s'aivance,
Les chierges sont aill'mays,
Le gros prieu quemance ;
Codambe et Morencheu (6),
Tôjô pu diligent,
Et le melin Chapeu (6)
Airrive aiveu Goulvant (6).

Peigney, etc. *(Refrain.)*

(1) Pour allumer la bûche.
(2) La veille de Noël.
(3) Matines.
(4) Lanterne.
(5) Le dernier coup sonné.
(6) Fermes, moulin et village près de Langres.

Ca feuli d'en menti
Jamais lai cathédrale
Quand j'en devreux meury
Ne devinrai égale
Pou son bai luminaire
Et teus sa marigai (1),
Et las belles laulaires (2)
Du motet de Peigney (3).

Peigney, etc. *(Refrain.)*

Chaiq saint tint son beuquet
Teut aussi beu qu'ai Pâques ;
Fraireu les habilley (4)
De los belles casaques
Et devant lai sinte vierge
Sin Beu et sin Jozai (5),
Il y ai tant cierge
Qu'on ne la sauvo contai.

Peigney, etc. *(Refrain.)*

Les jans en sont si fiés (6)
Qu'en aillant à l'offronde
Y morchent sur in pied
Que vous diraient qu'y dansent
Chaique gachon se mire
Dans sai chemins aï jaibeu (7)
Et chaque fille admire
Sai cros qu'a dans son queu (8).

Peigney, etc. *(Refrain.)*

(1) Marguillers.
(2) Beaux refrains.
(3) Morceau de chant.
(4) Frérot.
(5) Saint Roch et saint Joseph.
(6) Les gens en sont si fiers.
(7) Sa chemise à jabot.
(8) Sa croix qui est dans son cou.

Si le ro de Pairis (1),
En aivot qu'naissance (2),
I veurot, je pairy,
En faire lai dépense,
De venir prendre piaice (3)
Au lutrin de Peigney
Aiveu grand' allégresse
Pour y chanter Noay.

     Peigney, etc. (*Refrain.*)

Si cela arrivot,
Las mousieu et lai dames,
Pour y gringer le ro,
Quittraient los quou de quaines (4),
Pou se faire das reubes,
Das jupes et das corsets
De Peigney à la meude
De boge et de dreuguet (5).

     Peigney, etc. (*Refrain.*)

Je ne le veurô pas,
Raiport au mait d'éceule :
Le ro leu menerô,
Y braille comme in aiveugle ;
Et las trois gacheneux (6)
Qui chant dans le lutrin,
Bin mieux que las moignieu (7)
Chant pu quier et pu fin.

     Peigney, etc. (*Refrain.*)

(1) Le roi.
(2) Le savait.
(3) Place.
(4) Quitteraient leurs queues de cannes, modes du temps pour les robes.
(5) Serge et droguet, étoffes en usage aux environs de Langres.
(6) Garçons.
(7) Enfants de chœur de la maîtrise de Langres dont les voix étaient renommées.

CHAPITRE XXIX

Pièce de vers en patois de Langres

SEMBLABLE AU PATOIS BOURGUIGNON.

Autrefô on aivô dit :
Lé Langrois ont d'l'aisprit ;
Mâs odheû lé Chaumonois,
Chôsissai-z-en deux, chôsissai-z-en trois,
Mâs odheû lé Chaumonois
L'empothent sû lé Langrois. *(bis)*.

Ai Langre on à si éthodi
Quon ne sai qué jô on vi ;
Mâs ai Chaumont l'saimedi,
Selon leu quantieme seû le venredi,
Mâs ai Chaumont l'saimedi
Tojô lai s'maigne fini. *(bis)*.

Leu dimanche, drès l'maitin,
Leu nommai Piarre Reubin
L'long des rues s'en vai criant :
Neu l'eubliai pas, souvenai vos en,
L'long des rues s'en vai criant :
Den laie jonaie on n'fait ran. *(bis)*.

Et peut tôt après l'dignai
On tient grande aissambliai,
Chaicun dit son sentiment
Ai l'égà du bée ou ben du peu temps,
Chaicun dit son sentiment
D'qué côtai deut venir leu vent. *(bis)*.

Dô que teut à raiseulu
On grimpe vithe dessû
L'kiochai pou leu queue tonai,
Et poû leu loyai, et poû lairestai,
L'kiochai poû leu queue tonai
Par ou qu'il a daicidiai. *(bis)*.

Par haiza j'y fu in jô
Queu l'feu aitô au faubô ;
Pou faire chainger leu vent,
Leu mâre fu tonai l'queuc promtement,
Pou faire chainger leu vent
Deu lai ville su lé champs. *(bis)*.

Ai Langre y fait frô, dit-on ;
Mâs y fait chaud ai Chaumont,
Car quant bige veut ventai,
Pou ben l'aitraipai, lempoichai d'entrai,
Car quant bige veut ventai
Lai pothe on y fait fromai. *(bis)*.

Ai Noueï, ai lai Saint-Jean,
Lai music ça du piain-chant :
Stu qui fait basse ât obligeai,
Pou grossi sai vô, d'allai s'enrimai
Stu qui fait basse ât obligeai
Teujô d'allai se baignai. *(bis)*.

J'peurô pu long qu'ceci
Poussai mon panaigéry ;
Mâs croiai teujô qu'Chaumont
Me sârai ben grai deu son bée renom ;
Mâs croiai teujô qu'Chaumont
S'vanterai aveu rajon. *(bis)*.

CHAPITRE XXX

Noël de Chaumont[1] (1760)

A la venue de Noël
Notre canton doit accourir
Pour offrir à l'enfant nouvel
Un don propre à le réjouir.

[1] Ce Noël est probablement la traduction d'un chant plus ancien.

Chaumont dabord offre à l'enfant
Des bas drapés avec des gants ;
A sa mère un double corset ;
Au père, un habit de droguet.

Euffigneix arrive soudain
Avec un cent de grenouilles en main ;
L'enfant recule en les voyant,
Se serre contre sa maman.

Sarcicourt arrive à son tour,
Avec un panier de rambour ;
L'enfant les refuse de loin :
Ils ont damné le genre humain.

Buxières, si fertile en fruits,
En offre des verts et des cuits ;
Joseph les trouve beaux et bons
En rendant grâce de ces dons.

Villiers suit Buxières à grands pas
Avec quatre fromages gras ;
Un tel cadeau dans la saison,
Sera toujours trouvé fort bon.

Montsaon apporte un gros navet
Avec un beau cochon de lait;
Joseph trouve beau ce présent
Qui peut produire un gros argent.

Valdelancourt arrive enfin
La flûte et le violon en main ;
Il offre de faire danser
L'enfant dit qu'il faut les chasser.

Bricon n'ose offrir de son vin,
Qu'on sait n'être ni bon ni fin ;
Il offre des vœux très-ardents
Pour l'enfant et pour ses parents.

Semoutiers n'a ni pain ni vin ;
Il apporte du sarrasin,
Avec des vesces et des pois
Pour le bœuf et l'ane un grand mois.

Pour nous, prions le saint enfant
D'accepter nos cœurs pour présent,
Et tous d'accord chantons : Noël !
Noël ! Noël ! Noël ! Noël !

CHAPITRE XXXI
Dialogues religieux.

DRAMES LITURGIQUES OU MYSTÈRES.
GRAND PARDON DE CHAUMONT.

L'origine de notre théâtre est presque exclusivement religieuse. En effet, le théâtre des anciens était, aux premiers temps du moyen âge, oublié, tandis que les cérémonies des grandes fêtes du culte devenaient de véritables drames. Tels étaient, à Noël, l'office dialogué de la Crèche ; le jour de l'Epiphanie, celui de l'Etoile et des rois Mages ; à Pâques celui du Sépulcre et des trois Marie. Peu à peu on vit s'agrandir le cadre de ces dialogues : les *Mystères* ou actions dramatiques tirés de l'Écriture sainte ; les *Miracles*, qui avaient pour sujet la vie d'un saint, prirent un développement considérable. Des confréries s'établirent de toutes parts pour les interpréter. La plus célèbre d'entre elles a été la *Confrérie de la Passion* fondée en 1402, sous Charles VI, par les bourgeois de Paris. Dans la suite, les pièces religieuses cédèrent la place à des allégories appelées *Moralités*, jouées surtout à Paris par les clercs de la Basoche auxquels succédèrent les *Enfants sans souci* au nombre desquels fut Marot. Le théâtre de ces derniers, qui cesse complètement d'être religieux, se rattache au théâtre moderne.

Les mystères dont le style d'une naïveté parfois triviale était facilement compris de la foule, devinrent promptement très populaires, et grand était l'empressement de nos aïeux à suivre ces représentations.

Ces drames liturgiques furent très-appréciés dans notre département. A Langres les *Confrères de Saint-Didier* faisaient représenter par cent cinquante acteurs la vie et les miracles de ce saint évêque. Mais ce fut à Chaumont surtout que ces scènes curieuses furent remarquables par le nombre des acteurs et la solennité de la fête religieuse dont elles étaient une partie importante.

En 1474, grâce à la protection de leur compatriote Jean de Montmirel, évêque de Vaison et référendaire secret près du Saint-Siége, les Chaumontais avaient obtenu que l'église paroissiale de Saint-Jean-Baptiste fut érigée en collégiale. Le 8 février 1475, Sixte IV accorda une indulgence plénière aux fidèles qui feraient leurs dévotions à l'église Saint-Jean le jour de la fête de la nativité de saint Jean-Baptiste, quand il arriverait que cette même fête dût être célébrée un jour de dimanche ou qu'elle se trouvât concourir avec ce jour. Ce jubilé prit le nom de *Grand Pardon gé-*

néral de peine et de coulpe. Le peuple accourut de toutes parts à cette solennité et les Chaumontais firent tous leurs efforts pour lui donner le plus grand éclat possible.

On fit d'abord suivre la procession d'une troupe de personnages ; bientôt on dressa un *eschaffault*, puis deux ; on joua des mystères. Dans la première moitié du seizième siècle, les bourgeois de Chaumont obtinrent de leur bailli l'autorisation de jouer la vie de saint Jean-Baptiste aux solennités du Pardon.

Ce mystère, divisé en neuf parties, était joué sur neuf théâtres élevés en divers endroits de la ville et qui prirent le nom de la scène qu'ils représentaient : celui de *Zacharie*, de l'*Annonciation*, de la *Visitation*, de la *Nativité*, de *saint Jean au désert*, du *Baptême*, de l'*Emprisonnement*, de la *Décolation*, enfin de l'*Enfer* où Hérode subissait le châtiment de ses forfaits. La foule se portait surtout à ce dernier théâtre, d'où le nom de *Diablerie* donné aux fêtes du Pardon. On ajouta dans la suite quelques scènes accessoires qui étaient jouées sur les théâtres des *Prophètes*, de *saint Jean préchant*, des *Vertus*, des *Sibylles*, des *Limbes*.

L'annonce du Pardon se faisait aux prônes des églises ; mais lorsqu'on eut commencé à jouer les mystères, les diables qui devaient figurer dans la scène de l'Enfer prirent l'habitude de parcourir les campagnes depuis le dimanche des Rameaux pour engager les habitants à gagner l'indulgence plénière.

Ces diables étaient revêtus de leur costume ; ce déguisement leur permettait de commettre toutes sortes d'exactions. Ils dérobaient les poules, les oies, les cochons de lait, les bouteilles de vin vieux. De là l'origine du vieux dicton chaumontais : « *S'il plait ai Dieu, ai l'ai sainte bonne Vierge, ai l'ai saint Jean not homme serai diable, et j'pairons nos dettes.* »

Les acteurs chargés des rôles de Sarrasins parcouraient aussi les campagnes, mais sans les piller ; ils faisaient leur entrée à Chaumont le jour de la Quasimode et on leur servait une collation.

Ces représentations singulières traversèrent la Ligue ; mais leur décadence, qui commença avec le dix-septième siècle, fut rapide. Les chanoines se plaignirent des abus qu'elles entraînaient et en demandèrent la suppression. La dernière représentation, qui fut très brillante, eut lieu en 1663.

Depuis cette époque et jusqu'à nos jours, le grand Pardon ne fut plus qu'une fête exclusivement religieuse ; toute représentation théâtrale disparut, toutefois, pendant le dix-huitième siècle, on conservait encore l'habitude de porter aux processions de la Saint-Jean un esturgeon empaillé long de 1 mètre 70 centimètres, qui avait figuré autrefois à la Diablerie, et les costumes des acteurs ne furent brûlés qu'en 1760.

TABLE DES MATIÈRES

CHAUMONT. — IMPRIMERIE ET LITHOGRAPHIE DE C. CAVANIOL.

DÉPARTEMENT
DE LA
HAUTE-MARNE.